술에 따른

베스트 안주 만들기

정수식 · 박숙주 지음

예신 Books

 **머리말** Foreword

    우리는 음식이 한 나라의 문화를 상징하는 것이라고 말하곤 합니다. 오랜 역사를 지닌 나라일수록 그 시간만큼이나 다양하고 깊이 있는 음식문화를 간직하고 있습니다. 그리고 여기에는 그 나라의 자연 환경과 오랜 시간이 만들어낸 술이 음식과 함께 그 나라의 문화로 자리 잡고 있습니다. 대표적으로 프랑스의 와인, 러시아의 보드카가 그렇습니다. 사실 술과 음식은 뗄 수 없는 관계라 할 수 있습니다.

    사람들은 술을 흔히 취하기 위해 먹는 음료, 또는 마시면 취하는 알코올 음료 정도로만 생각하는 경향이 있습니다. 하지만 최근에는 식생활의 패턴이 양적인 것에서 맛과 질을 중시하고 음식의 맛을 더해주는 아름다운 식공간의 도입이라는 새로운 식문화를 향해 나아가고 있습니다.

    이제 술은 단순히 취하기 위해 마시는 음료가 아닌, 음식의 맛을 더해주고, 좋은 사람들과 좋은 음식을 좋은 분위기 속에서 대화를 나누며 즐기는 또는 이 모두를 하나로 잇는 역할을 하는 중요한 수단으로 인식되고 있습니다. 술과 함께 곁들여지는 술안주를 자칫 배를 채우는 푸짐한 안주로 상상하기 쉽지만 서양에서는 술의 맛과 품위를 떨어뜨리지 않는 예쁘고 심플한 안주를 즐깁니다. 마티니 한 잔에 띄운 올리브 열매처럼 말입니다.

    이 책에서는 우리의 일상생활에서 자주 접하는 술과 잘 어울리는 먹을거리를 가정에서도 쉽게 따라할 수 있도록 소개해 보았습니다. 직접 음식을 만들어 좋은 사람들과 함께 적당한 양의 술을 같이 나눌 수 있다면 취하지 않고도 행복한 시간을 만들 수 있을 것이라고 생각합니다.

    이 책을 만드는데 도와주신 모든 분들께 진심으로 감사드리며, 책이 나오기까지 애써주신 도서출판 **예신** 편집부 여러분께도 감사드립니다.

저자 씀

차 례 Contents

- 🍒 Theme Story_ 술과 음식궁합 ……………………… 8
- 🍒 Theme Story_ 술에 따른 음주법 ……………………… 10
- 🍒 Theme Story_ 속 풀이 해장국 ……………………… 12
- 🍒 Theme Story_ 속 풀이 해장죽 ……………………… 14

동동주 & 막걸리에 어울리는 안주

삼합 ………………………………………………	19
해물 파전 …………………………………………	21
모둠 버섯두부 볶음 ………………………………	23
골뱅이냉채 무침 …………………………………	25
순두부 찌개 ………………………………………	27
갈치 조림 …………………………………………	29

소주에 어울리는 안주

아귀찜 ……………………………………………	33
해신탕(전복삼계탕) ………………………………	35
장어구이와 영양부추 무침 ………………………	37
키조개 구이 ………………………………………	39
낙지와 더덕 겨자소스 무침 ……………………	41
제육 보쌈 …………………………………………	43
꽃게 무침 …………………………………………	45
🍒 Theme Story_ 소주를 이용한 칵테일 ……………	47

전통주에 어울리는 안주

- 홍어회 무침 …………………………………………… 51
- 아귀 지리 ……………………………………………… 53
- 단호박 해물찜 ………………………………………… 55
- 편육수삼 냉채 ………………………………………… 57
- 삼마 빈대떡 …………………………………………… 59

과실주 & 약주에 어울리는 안주

- 탕평채 …………………………………………………… 63
- 땅콩호두 장과 ………………………………………… 65
- 불고기 샐러드 ………………………………………… 67
- 버섯 들깨탕 …………………………………………… 69
- 멍게 전채 ……………………………………………… 71
- 🍰 Theme Story_ 과실주를 제대로 담그는 요령 ……… 72
- 🍰 Theme Story_ 건강에 좋은 약용주 만들기 ………… 74

위스키에 어울리는 안주

- 여러 가지 올리브류 …………………………………… 81
- 소고기 꼬치구이 ……………………………………… 83
- 타라곤, 마늘, 올리브유에 잰 캄보졸라 치즈 ……… 85
- 토마토와 허브 향으로 속을 채운 가지 ……………… 87
- 석화(굴)구이 …………………………………………… 89
- 🍰 Theme Story_ 칵테일 만들기 ………………………… 90

와인에 어울리는 안주

이탈리안 파르마 햄과 머스크멜론 ………………………………… 95
파르메산 치즈 가루를 입혀 튀긴 가지 ………………………… 97
속을 채운 여러 가지 버섯류 ……………………………………… 99
닭다리 구이 ………………………………………………………… 101
허브로 맛을 낸 싱싱한 낙지와 오징어 샐러드 ………………… 103
매콤한 토마토소스로 맛을 낸 홍합 …………………………… 105
와인소스를 곁들인 백합찜 ……………………………………… 107
흰살생선 튀김 ……………………………………………………… 109

브랜디에 어울리는 안주

팬케이크에 말은 훈제연어 ……………………………………… 113
생선 패스트리 ……………………………………………………… 115
홍합 그라탕 ………………………………………………………… 117
소고기 완자 ………………………………………………………… 119
엔다이브 치킨 샐러드 …………………………………………… 121

맥주에 어울리는 안주

감자 샐러드 ………………………………………………………… 125
속을 채운 피망 …………………………………………………… 127
얼큰한 토마토소스로 맛을 낸 모시조개 ……………………… 129
마늘향 소스를 곁들인 그릴새우 ………………………………… 131
소시지 구이 ………………………………………………………… 133
안달루시안스타일의 계란구이 ………………………………… 135
　🍰 Theme Story_ 소스 만들기 ……………………………… 136
　🍰 Theme Story_ 카나페란? ………………………………… 138

Theme story

술과 음식궁합

"확실한 영양섭취 습관을 지키는 사람은 절대로 알코올 중독이 되지 않는다. 그 이유는 명백하다. 애주가가 알코올 중독이 되려면 보통 7~10년이 걸리는데 알코올 중독 환자가 되는 사람은 이 기간 중에 잘못된 영양섭취를 하고 있기 때문이다. 에너지가 많은 음식을 균형 잡히지 않은 형태로 마구 섭취해 영양의 균형이 깨지는 것이다. 균형을 유지하면 알코올 중독은 되지 않는다."

로저 J. 윌리엄즈 박사의 '질병을 막는 영양' 중에서

알코올은 1g당 7kcal의 열량을 가지고 있다. 보통 음식에 함유된 영양은 우리가 활동하는데 필요한 에너지를 공급해준다. 하지만 술을 구성하는 성분의 대부분을 차지하는 알코올이 발생시키는 열량은 활동에너지로서의 역할을 발휘하지 못하는 소위 영양가 없는 칼로리(Empty Calory)라고 불린다. 때문에 술을 즐기는 사람들에게는 흔히 얘기하는 '술배'라는 것이 나오게 마련이다. 더군다나 술은 몸에 지방을 축적하는 것 뿐만 아니라 위와 간에 영향을 주어 우리의 건강을 해친다. 특히 속이 비었을 때 독한 술을 마시면 알코올이 곧바로 위에 흡수되고, 그로 인해 혈중 알코올 농도는 급속히 높아지게 되므로 음주 전의 가벼운 식사는 매우 중요하다.

위 속에 음식이 가득 차 있으면 알코올의 흡수 속도가 느려지기 때문에 잘 취하지 않아 과음을 할 수도 있으므로 식사는 적당한 양이라야 좋다.

술과 안주에도 궁합이 있다

술을 먹으면서 곁들여 먹어야 하는 안주로 적합한 것은 간과 위, 췌장 등의 장기를 보호하고 해독작용을 하는 음식이 좋다. 술과 가장 궁합이 잘 맞는 안주류는 다음과 같이 분류된다.

술을 먹게 되면 첫째, 간에 부담을 준다. 간의 기능을 돕는 식품으로는 단백질과 섭취 즉시 에너지가 되는 당분을 함유한 식품이 좋다.

둘째, 위를 보호해줄 수 있는 식품으로 소화가 잘 되고, 너무 자극적이지 않은 것이 좋다. 치즈와 우유, 육류 등이 좋으며, 식사와 함께 가볍게 먹는 것이 좋다.

셋째, 비타민과 무기질이 풍부한 신선한 과일을 곁들이는 것이 좋다. 이는 술로 인해 상하기 쉬운 간에 활력을 주는 역할을 한다.

넷째, 대부분의 술은 산성을 띠게 되므로 이를 중화시켜 줄 수 있는 알칼리성 식품을 충분히 섭취하는 것이 좋다. 여기에 해당되는 식품으로는 야채, 과일류, 해조류 등이 있다.

다섯째, 기름기와 염분이 많지 않고, 담백한 것이 좋다. 알코올은 세포 속의 수분을 감소시키고, 세포 밖의 혈액이나 조직액의 수분을 증가시켜 전체적으로 몸이 부은 상태가 되는데, 여기에 염분을 많이 섭취하면 단순히 몸이 붓는 것을 도와주는 것 뿐 아니라 신장에도 많은 부담을 주므로 가능한 짜지 않은 음식을 곁들이는 것이 좋다.

좋은 술과 좋은 술에 잘 어울리는 훌륭한 안주, 그리고 이를 함께 나눌 수 있는 좋은 사람들과의 즐거운 대화가 있다면 이것이 술과 가장 바람직한 궁합이 아닐까?

Theme story

술에 따른 음주법

술은 그 종류만큼이나 맛과 특성, 색깔, 향, 알코올 도수 등이 각기 다르다. 이는 술을 만드는 수백 종의 화학 성분이 서로 작용하여 각기 다른 성분을 나타내기 때문이다. 그러므로 술에 따라 그 특성을 살려 마시는 방법을 조금씩 달리 하는 것이 좋다. 중요한 것은 술은 즐기기 위해서 마시는 것이므로 가능한 많은 대화와 더불어 술을 마시는 속도를 늦추어 천천히 술을 음미하면서 마신다면 술로 인한 부작용을 방지할 수 있을 것이다.

소주

한국을 대표하는 술 가운데 가장 많은 소비가 이루어지는 소주는 대략 알코올 농도가 25% 정도이나 요즘은 순한 소주를 찾는 사람들과 여성 애주가가 늘면서 알코올 도수 20도 안팎의 소주가 선풍적인 인기를 끌고 있다. 하지만 알코올 도수가 높아 속이 빈 상태에서 마실 경우 알코올이 위 점막을 자극해 부담을 줄 수 있으므로 술을 마시기 전에 속을 든든히 채우는 것이 중요하다. 또 술을 마실 때에는 급히 서두르지 말고 되도록 천천히, 조금씩 마시는 것이 좋다.

소주에 오이를 얇게 썰어 넣어 보자. 소주의 강한 알코올 향이 사라지고, 맛이 순해져서 한결 부드러운 술 맛을 즐길 수 있다.

맥주

한여름, 사람들은 지친 하루일과를 가슴 속까지 시원하게 해주는 맥주 한 잔으로 달랜다. 톡 쏘는 맥주의 목 넘김을 즐기면서 사는 맛을 이야기하기도 한다. 그러나 만일 미지근한 맥주를 마신다면 어떨까? 맥주만큼 차가운 온도로 마시는 술도 없을 것이다. 온도가 높으면 맥주 고유의 청량감을 느낄 수 없고, 온도가 지나치게

낮으면 맥주의 향미를 제대로 음미하기가 힘들다. 맥주의 온도는 여름에는 6~8℃, 겨울에는 10~12℃, 봄·가을에는 7~10℃ 내외가 가장 적당하다.

맥주의 거품은 맥주 속에 함유된 탄산가스가 새어나가는 것과 맥주의 산화를 방재해주는 역할을 하는 매우 중요한 요소이므로 맥주를 따를 때는 거품이 잘 나게 따라야 한다. 컵에 따랐을 때 맥주 분량의 20~30% 정도로 거품 층이 형성되는 것이 가장 좋다. 또한 맥주잔을 미리 냉장고에 차게 보관한 후에 낸다면 더욱 감각 있는 서비스가 될 것이다.

위스키

높은 알코올 도수로 인해 빈속에 위스키를 마실 경우 구토를 하거나 속이 울렁거리는 증상이 찾아올 수 있다. 이는 위 점막의 손상을 가져오며 다른 음식물의 소화도 어렵게 만든다. 되도록 술을 물에 타서 묽게 마시는 습관을 기르는 것이 좋으며 가볍게 한두 잔으로 만족하는 것이 양주를 올바로 즐기는 요령이다. 스트레이트를 즐기는 경우라면 미리 물 또는 우유를 마셔 위벽을 보호하는 것이 좋다.

와인

와인은 많은 격식을 요하는 술처럼 느껴져 달콤 쌉쌀한 와인의 맛과 향을 좋아하면서도 부담을 느끼는 사람들이 많다. 하지만 유럽에서 와인은 우리의 숭늉과도 같은 의미로 술이라기보다는 식사와 더불어 즐기는 소화를 돕는 음료로 생각한다.

와인을 맛있게 마시려면 무색투명한 튤립 모양의 대가 긴 유리잔에 와인을 2/3 정도 따라 손가락으로 가지런히 자루 부분을 잡아 손의 온도가 와인에 전달되지 않도록 해야 한다. 술을 받을 때는 잔에 손을 대지 않고 다 따를 때까지 기다리는 것이 서양식 예절이지만, 우리나라에서는 잔을 들어 술을 받는 것도 나쁘지 않다.

보통 화이트 와인에는 생선 및 해산물 요리가, 레드 와인에는 고기 요리가 어울린다고 하지만 각자의 취향에 따라 자유롭게 선택해도 좋다.

Theme story

속풀이 해장국

술 마신 다음날은 속이 더부룩해 좀처럼 밥이 들어가지 않는다. 숙취를 풀어주는 시원한 해장국과 해장죽으로 알코올을 분해하느라 소모된 영양분을 보충하자.

얼큰한 파국

북어국

얼큰한 파국

재 료 | 대파 1단(200g), 소고기(덩어리) 100g, 느타리버섯 100g, 물 4컵 **양념장** : 고춧가루 2큰술, 청주 1큰술, 고추기름 1/2큰술, 다진 마늘 1큰술, 소금 1작은술, 후춧가루 약간

이렇게 만들어요

1 파는 깨끗이 씻어 6cm 길이로 썰고, 느타리버섯은 굵게 찢어 각각 뜨거운 소금물에 살짝 데친다.
2 소고기는 큼직하게 썰어 찬물에 담가 핏물을 완전히 빼낸다.
3 분량의 물에 소고기를 넣어 끓이다가 떠오르는 거품을 걷어 내고 푹 삶는다.
4 삶은 고기는 쭉쭉 찢어 데친 파와 양념장을 넣고 골고루 무친다.
5 끓는 국물에 4를 넣고, 다시 끓여 국물 맛이 어우러지면 소금과 후춧가루로 간을 한다.

북어국

재 료 | 북어포 1마리, 무 200g, 대파 1뿌리, 청·홍고추 2개씩, 물 5컵, 다진 마늘 1큰술, 생강즙 약간, 흰 후춧가루·소금 약간씩

이렇게 만들어요

1 북어포는 머리와 지느러미를 잘라내고 적당한 크기로 자른다.
2 무는 납작하게 썬다.
3 청·홍고추, 대파는 어슷썰기 한다.
4 무와 북어포를 함께 넣고 끓이다가 청·홍고추를 넣고 끓인다.
5 마늘, 생강즙, 대파, 후춧가루를 넣어 국물 맛을 낸다.

홍합 미역국

올갱이 부추국

술 마신 다음날은 자극적인 음식을 피하는 것이 좋다. 시원한 맛이 나는 맑은 국을 먹어야 위에 부담이 되지 않는다. 맑은 국은 소금으로 간을 하면 된다.

홍합 미역국

재 료 | 홍합 300g, 물 5컵, 불린 미역 50g, 참기름·다진 마늘·소금·흰 후춧가루 약간씩

이렇게 만들어요

1 홍합살은 옅은 소금물에 가볍게 씻어 건진다.
2 미역은 넉넉한 찬물에 부드러울 정도로 불린 다음 살살 흔들어 씻어 헹궈 물기를 빼고, 적당한 크기로 썬다.
3 냄비에 참기름을 두르고 미역을 먼저 넣고 볶다가 미역이 파르스름해지면 분량의 물을 붓는다.
4 홍합을 넣고 끓이다가 미역과 홍합이 어우러지게 끓으면 마늘, 소금, 후춧가루로 맛을 낸다.

올갱이 부추국

재 료 | 올갱이(다슬기) 1컵, 멸치육수 2컵, 부추 80g, 홍고추 1개, 대파 1/2뿌리, 소금·후춧가루 약간씩

이렇게 만들어요

1 올갱이는 깨끗한 물에 하루 정도 담가 해감을 한 다음 물에 깨끗이 씻는다.
2 부추는 다듬어 씻어 4cm 길이로 썰고, 대파는 송송 썬다. 홍고추는 어슷 썰어 씨를 제거한다.
3 멸치육수에 올갱이를 넣고 팔팔 끓인 후 국물은 면 보에 걸러 맑은 국물만 따로 둔다.
4 냄비에 올갱이 국물을 붓고, 건져낸 올갱이와 부추를 넣어 살짝 끓이다가 소금과 후춧가루로 간을 한다.

Theme story

속풀이 해장죽

대추인삼죽

재 료 | 찹쌀 1컵, 대추 50g, 수삼 1뿌리, 물 3~4컵, 소금 약간

이렇게 만들어요

1 찹쌀은 가볍게 비벼 씻어 헹궈 물에 3시간 이상 불린 후 쌀알이 반 톨이 되도록 간다.
2 대추는 젖은 면 보로 고루 닦은 다음 씨를 발라내고, 수삼은 깨끗이 씻은 후 굵직하게 썰어 곱게 다진다.
3 냄비에 다진 대추와 수삼, 물을 넣고 끓이다가 찹쌀을 넣어 밑이 눋지 않게 저어가면서 뭉근하게 끓인다.

굴야채죽

재 료 | 쌀 1/2컵, 굴 100g, 부추 40g, 당근 20g, 양파(중간) 1/4개, 멸치육수 3컵, 소금·참기름 약간

이렇게 만들어요

1 굴은 소금물에 씻는다.
2 쌀은 깨끗이 씻어 물에서 1시간 정도 불린다.
3 당근, 양파는 사방 0.5cm 크기로 썰고, 부추는 0.5cm 크기로 썬다.
4 2의 쌀을 건져 참기름을 넣고 볶다가 멸치육수를 넣고, 중불에서 끓인다. 팔팔 끓어오르면 거품을 걷어내고, 굴과 야채를 넣고 약한 불에서 끓인다.

쑥콩죽

재 료 | 쌀 1/2컵, 흰 콩 1/2컵, 데친 쑥 1/4컵, 물 3컵, 소금 약간

이렇게 만들어요

1. 불린 쌀은 건져 쌀알이 반쯤 으깨지도록 분쇄기에 간다. 콩은 씻어서 물에 담가 8시간쯤 불린다.
2. 쑥은 다듬어 깨끗이 씻어 끓는 소금물에 살짝 데친 후 찬물에 씻어 물기를 뺀다.
3. 불린 콩을 끓는 물에 넣어 콩 비린내가 가실 정도만 살짝 삶은 후 찬물에 담가 손으로 비벼 콩 껍질을 벗긴다.
4. 껍질을 벗긴 콩과 쑥 데친 것, 물 1컵을 분쇄기에 넣고 곱게 간다.
5. 냄비에 물 2컵을 넣고 끓이다가 불을 약하게 한다. 쌀알이 반쯤 퍼지면 4를 붓고, 저어가며 끓인다.

흑임자죽

재 료 | 쌀 1/2컵, 흑임자 2/3컵, 물 3컵, 소금 약간

이렇게 만들어요

1. 불린 쌀은 분쇄기에 물 1/2컵을 붓고 갈아 체에 받쳐 둔다.
2. 흑임자는 씻어 체에 건져 두었다 물기가 빠지면 센 불에서 타지 않게 볶는다.
3. 볶은 깨와 물 1컵을 분쇄기에 넣고 곱게 갈아 체에 받쳐 둔다.
4. 쌀과 흑임자 간 것을 냄비에 넣고, 남은 물을 부어 풀을 쑤듯이 잘 저어가며 끓인 후 소금으로 간하여 낸다.

동동주 & 막걸리에 어울리는 안주

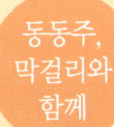

동동주,
막걸리와
함께

탁주는 탁하게 빚은 술로 우리나라에서 가장 오래된 술이다. 좋은 막걸리는 단맛, 신맛, 매운맛, 신맛, 떫은맛이 잘 어우러져, 적당한 감칠맛과 청량미가 있다. 이 청량미는 땀을 흘리고, 일을 한 후에 갈증을 멎게 하는 힘이 있어 농주(農酒)로 애용되어 왔다.

삼 합   해물 파전   모둠 버섯두부 볶음

골뱅이 냉채 무침   순두부 찌개   갈치 조림

삼합

삭힌 홍어는 먹어도 탈이 없고, 삭힐수록 맛이 나는 음식이다. 홍어회와 삶은 돼지고기를 잘 익은 김치에 싸서 먹는데 이때, 잘 익은 쌀 막걸리 한잔을 곁들이면 최고의 맛을 즐길 수 있다. 이것을 홍탁삼합이라 한다. 홍어의 찬 성질과 막걸리의 뜨거운 성질이 잘 조화되어 완벽한 음식궁합을 자랑한다.

재료(4인분)

삭힌 홍어회(포장용) 200g, 통삼겹살 600g, 묵은 배추김치 또는 보쌈김치 200g, 마늘, 고추, 토하젓 또는 새우젓

고기 삶는 재료 | 생강 1톨, 마늘 8쪽, 양파 1개, 된장 1큰술, 인스턴트 커피가루 1작은술, 조미술 2큰술, 통후추 약간, 물 4컵

이렇게 만들어요

1. 준비한 고기를 소쿠리에 올려놓고 끓는 물을 부어 고기의 잡냄새를 없앤다.
2. 1의 고기와 고기 삶는 재료를 냄비에 넣고 센 불에서 30분, 중간 불에서 10분 정도 끓여 꺼낸 다음, 찜통에서 10분간 쪄서 한 입 크기로 썬다.
3. 묵은 배추김치나 보쌈김치는 싸서 먹기 좋도록 큼직하게 썬다.
4. 준비한 재료를 접시에 담고, 마늘, 고추, 토하젓, 된장과 함께 담아낸다.

Tip
삼합용 홍어회
국산용 홍어는 워낙 귀해서 구입이 어렵고, 제대로 삭히기도 어려우므로 대형마트에서 포장 판매하는 홍어회를 구입하는 것이 좋다. 포장 판매하는 홍어회는 대부분 칠레나 아르헨티나 산을 수입해 국내에서 삭힌 것이다. 홍어 중에서도 톡 쏘는 맛이 일품인 콧잔등 살과 잔뼈가 잘근잘근 씹히는 날개 부분, 고소한 창자 부위를 으뜸으로 친다.

Cooking point

- 고기를 삶은 다음, 다시 찜통에 쪄 내면 지방이 빠져 고기가 쫀득해진다.

- 잘 익은 탁주(막걸리)에는 단백질 1.9%, 유기산 0.8%가 들어 있어 홍어회에 함유된 암모니아의 톡 쏘는 맛을 중화시켜 준다.

해물 파전

달콤하고 향기로운 실파와 해물이 듬뿍 들어간 파전은 담백한 맛으로 텁텁한 맛의 막걸리와 잘 어울린다.

재 료(4인분)

오징어 1/2마리, 잔새우살 40g, 조갯살 20g, 다진 마늘, 꽃소금·후춧가루·참기름 약간 씩, 실파 200g, 팽이버섯 1/2봉지, 청·홍고추 1개씩

부침 반죽 | 밀가루 1컵, 찹쌀가루 1/3컵, 달걀 2개, 멸치국물 2/3컵, 꽃소금 약간, 식용유

이렇게 만들어요

1 오징어는 내장을 빼고 깨끗이 씻어 살짝 데친 후 반으로 갈라 곱게 채를 썬다.

2 잔새우살과 조갯살은 소금물에 씻어 물기를 뺀다.

3 해물을 한데 섞어 소금, 후춧가루, 참기름을 넣고 무친 뒤 밀가루를 가볍게 뿌려 버무려 둔다.

4 실파는 다듬어 씻어 팬 길이에 맞춰 썰고, 밀가루를 고루 뿌린다. 팽이버섯은 밑동을 잘라내고 씻어 물기를 빼고, 고추는 반 갈라 씨를 털어 채 썬다.

5 달걀과 멸치육수를 혼합하여 섞고 여기에 밀가루, 찹쌀가루를 넣어 뭉침 없이 풀어준 다음 소금으로 간을 맞춘다.

6 팬을 달궈 기름을 넉넉히 두른 후, 실파를 부침반죽에 적셔 가지런히 펴고, 파 사이사이에 틈이 생기지 않게 반죽을 끼얹는다.

7 6에 해물과 야채를 얹고 반죽을 끼얹어 노릇노릇하게 지져 초간장을 곁들여 낸다.

- 반죽 가루는 시판되고 있는 부침가루를 이용해도 맛이 있다.
- 실파는 부침반죽에 적셔 가지런히 펴는 것이 좋다.

모둠 버섯두부 볶음

동동주, 막걸리와 함께

두부는 콜레스테롤이 없고, 저칼로리, 식물성 단백질, 우유보다 풍부한 칼슘, 암과 성인병을 예방하는 기능성 물질을 함유하고 있으며, 갑자기 찾아온 손님을 위한 술안주도 쉽게 만들 수 있는 영양이 많은 식품이다.

재료(4인분)
두부 1모, 다진 소고기 70g, 느타리버섯 100g, 새송이버섯 100g, 마른표고 4개, 대파 1대, 양파 1/4개, 청·홍고추 1개씩, 밀가루 약간, 식용유 2큰술

고추장 소스 | 고추장·고추기름 3큰술씩, 진간장·설탕 1/2 작은술씩, 물·맛술 1큰술씩, 다진 마늘·참기름 1/2큰술씩, 물 1/3컵, 후춧가루 약간

이렇게 만들어요

1 종이 타월로 두부의 물기를 없애고, 1cm 두께로 썰어 밀가루를 골고루 묻혀 팬에 식용유를 두르고 지진다.

2 소고기는 팬에 식용유를 두르고 볶는다.

3 느타리버섯은 굵게 찢고 새송이버섯은 모양대로 납작하게 썬다. 마른 표고는 물에 불렸다가 채 썬다.

4 대파와 양파는 채 썰고, 고추는 씨를 뺀 후 채 썬다.

5 분량의 재료를 섞어 고추장 소스를 만든다.

6 팬에 기름을 두르고 양파를 볶다가 손질한 버섯과 고추, 대파, 지진 두부를 넣고 좀 더 볶는다.

7 마지막으로 소고기 볶은 것과 고추장소스를 넣고 섞어가며 재빨리 볶는다.

Cooking point
두부는 앞뒤로 노릇노릇하게 지진다.

골뱅이냉채 무침

술안주로 좋은 시원하고 칼칼한 냉채 요리로 와사비의 향이 개운한 맛을 전해준다.
쫀득하게 씹히는 골뱅이와 면의 결합으로 안주뿐만 아니라 식사용으로도 좋다.

재 료(4인분)

골뱅이 통조림 1캔(400g), 영양부추 100g, 오이 1/2개, 파프리카(주황색) 1/3개, 적채·무순 약간씩, 해초면 또는 냉면사리 150g

와사비 소스 | 와사비 갠 것 2큰술(물 2큰술+와사비 가루 1큰술), 탕 3큰술, 소금 2작은술, 식초 6큰술, 다진 마늘 2큰술, 사이다·물 각각 200cc

이렇게 만들어요

1 골뱅이는 한 입 크기로 자른다.
2 오이, 파프리카, 적채는 채 썰고, 영양부추는 5cm 길이로 자른다.
3 냉면사리는 끓는 물에 1~2분 삶아 찬물에 헹궈 물기를 뺀다.
4 준비한 와사비 소스 재료로 와사비 소스를 만든다.
5 그릇에 냉면사리를 동그랗게 말아 야채를 보기 좋게 얹고, 와사비 소스를 끼얹는다.
6 얼음을 두르고 무순으로 장식한다.

골뱅이 무침

Tip

골뱅이 무침 만들기

재 료 | 골뱅이 통조림 1캔, 대구포 100g, 오이 1개, 대파 1뿌리, 청·홍고추 1개씩

양념장 | 고춧가루 3큰술, 골뱅이 통조림 국물·식초 2큰술씩, 물엿 1큰술, 설탕 1작은술, 다진 마늘 1/2작은술, 깨소금 2작은술, 참기름 1작은술

1 골뱅이는 체에 밭쳐 국물을 2큰술 정도 남기고 버린다.
2 대구포는 골뱅이 국물에 담가 눅눅할 정도로 불린다.
3 오이와 대파, 청·홍고추는 4cm 길이로 곱게 채 썬다.
4 야채는 물에 담갔다가 건져 싱싱하게 둔다.
5 볼에 골뱅이와 대구포를 담고, 양념장을 넣어 고루 무친다.
6 접시에 야채와 골뱅이를 보기 좋게 담는다.

순두부 찌개

재 료(4인분)

순두부 1봉, 진간장 1작은술, 맛소금 약간, 모시조개 100g, 대파 1/2뿌리, 돼지고기·양파 50g, 물 1컵, 고추기름 1큰술

양념장 | 고추기름 2큰술, 고운 고춧가루 1큰술, 다진 마늘·멸치액젓 각각 1작은술, 꽃소금 약간

이렇게 만들어요

1 순두부는 큼직하게 썰어 간장과 맛소금으로 밑간을 한 후 20분 이상 두었다가 체에 쏟아 물기를 뺀다.

2 모시조개는 소금물에 담가 해감을 뺀다.

3 돼지고기는 한 입 크기로 썰고 양파는 채 썰며, 대파는 송송 썬다.

4 뚝배기에 고추기름 1큰술을 두르고, 돼지고기를 넣어 볶는다.

5 돼지고기가 볶아지면 물을 붓고 끓을 때 순두부와 모시조개, 양파, 양념장을 넣고 끓인다.

6 찌개가 다 끓었을 때 대파를 듬뿍 넣고, 계란을 넣어 불에서 내린다.

- 잘 삭혀서 거른 멸치액젓은 감칠맛이 있어서 국이나 찌개 등에 국간장 대신 넣으면 맛이 있다.
- 순두부는 덩어리째 넣어야 끓으면서 자연스럽게 부서져 먹음직스럽다.

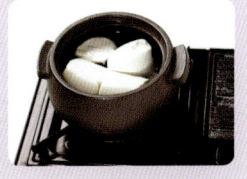

Tip
고추기름 만들기

재 료 | 식용유 2컵, 마늘 10쪽, 생강 2쪽, 대파 1대, 양파 1/4개, 굵은 고춧가루 1/2컵

1 마늘과 생강은 편으로 썰고, 양파는 곱게 채 썬다.

2 냄비에 1을 담고 식용유를 부어 은근하게 끓인다. 채소가 갈색 빛이 돌면 건져내고, 기름은 미지근하게 식힌다.

3 2에 고춧가루를 넣고, 4시간 정도 불린다.

4 고운 망에 걸러서 기름을 받는다.

- 고추기름을 만들어 두고 사용하면 얼큰한 찌개, 무침, 소스 등 다양한 요리에 쓸 수 있습니다.

갈치 조림

술상 차림의 기본은 술에 어울리는 안주를 마련하는 것, 반찬용으로 만들 때보다 좀 더 싱거우면서 얼큰하고 담백하게 조리하는 것이 좋다.

재 료(4인분)

갈치 1마리, 무 200g, 청·홍고추 1개씩, 대파·양파 1개씩, 물 1컵, 청주 1큰술, 꽃소금 약간

조림 양념장 | 진간장 3큰술, 물 1컵, 고춧가루 2큰술, 고추장·멸치액젓 1/2큰술씩, 설탕·맛술 1½큰술씩, 다진 마늘 3큰술, 다진 생강 1/2작은술, 식초 0.5큰술, 후춧가루 약간

이렇게 만들어요

1. 갈치는 내장을 빼내고 비늘을 긁어 깨끗이 씻은 다음 7cm 크기로 토막을 낸다.

2. 무는 7cm 두께로 큼직하게 썰어 물과 청주, 꽃소금을 약간 넣고, 거의 익을 정도로 삶는다. 무를 소금물에 먼저 삶아 생선과 함께 조려야 무가 부드럽고, 양념장이 맛있게 밴다.

3. 양파는 굵직하게 썰고 대파와 청·홍고추는 씨를 털어 어슷하게 썬다.

4. 밑이 넓은 냄비에 무와 양파, 조림양념장을 깔고 갈치를 얹은 다음 다시 조림양념장, 양파, 고추를 얹어 끓으면 약한 불에서 15분 정도 조린다. 마지막에 대파를 올린다.

Cooking point

조림 양념장은 고추장과 고춧가루 등의 양념이 강해서 비린 생선(부서, 조기, 삼치, 고등어)과 잘 어울린다.

소주에 어울리는 안주

○ 소주와 함께

예로부터 지금까지 술만큼 인간의 생활에 깊이 녹아 다양한 이야깃거리를 제공하는 '기호식품'도 없을 것이다. 좋아도 한잔, 괴로워도 한잔하는 게 술이라 하지 않던가? 그 만큼 술은 오랫동안 인간의 희로애락과 함께 해왔다. 서민들의 가장 가까이에서 애환을 함께해온 술, 소주! 오랜 시간, 수많은 사람들의 맛을 통해 자리잡은 소주의 일품 안주를 소개한다.

아귀찜   전복삼계탕   장어구이와 영양부추무침

키조개구이   낙지와 더덕 겨자소스 무침   제육 보쌈   꽃게 무침

아귀찜

소주와 함께

아귀의 어육은 고단백 저지방으로 북어를 능가하는 숙취해소 작용을 하며, 아귀찜에 들어가는 콩나물 또한 비타민과 아스파라긴산이 함유되어 있어 알코올 도수가 높은 소주와 잘 어울린다.

재 료(4인분)

아귀 500g, 미더덕 100g, 콩나물 300g, 미나리 줄기 200g, 대파 1뿌리, 청·홍고추 2개, 청양고추 2개, 굵은 소금 2큰술

아귀양념장 | 멸치육수 $\frac{1}{2}$컵, 고춧가루 7큰술, 진간장 2큰술, 맛소금 $\frac{1}{3}$큰술, 설탕 $1\frac{1}{2}$큰술, 다진 마늘 4큰술, 다진 생강 1작은술, 조미술·참기름·깨소금 2큰술씩, 식용유·후춧가루 약간

육수양념장 | 멸치육수 $\frac{1}{3}$컵, 찹쌀가루 $\frac{1}{2}$컵, 녹말 3큰술

이렇게 만들어요

1 아귀는 내장을 제거한 후 굵은 소금으로 문질러 씻어 토막을 낸다.
2 1의 아귀를 다시 한번 말갛게 씻고 체에 밭쳐 물기를 뺀다.
3 미더덕은 소금물에 담가 놓는다.
4 콩나물은 머리와 꼬리를 다듬어 물에 씻어 건지고, 고추는 어슷썰기 한다.
5 미나리는 5cm 길이로 자른다.
6 팬에 아귀와 미더덕·콩나물을 넣어 뚜껑을 닫고, 센 불에서 익힌다.
7 이때 물이 생기면 약간만 따라 버리고, 아귀양념장을 넣어 볶는다.
8 7에 육수양념장과 미나리, 고추, 대파를 넣고 고루 섞어서 완성한다.

Cooking point

아귀를 손질할 때는 표면의 미끈거리는 점액질이 남아 있지 않도록 굵은 소금으로 문질러 씻어야 찜을 했을 때 맛이 깔끔하고, 탕이나 지리는 국물이 탁하지 않고 맑고 시원하다.

Tip

아귀 고르는 요령

아귀는 입이 커서 붙은 이름이다. 이름만큼 입이 크고 삼각형 모양으로 넓적하게 생겼으며, 머리와 꼬리가 아귀 몸 전체의 $\frac{3}{5}$를 차지하므로 아귀는 작은 것보다 적당히 큰 것을 구입해야 먹을 것이 있다. 싱싱한 아귀는 표면에 윤기가 흐르고, 탄력이 있다.

해신탕 (전복삼계탕)

소주와 함께

전복이 삼계탕에 들어가면 비린 맛이 날지 모른다고 생각하기 쉽지만 전복으로 인해 오히려 맛이 담백해지고 영양은 높아진다. 전복의 내장에서 우러나온 초록빛이 도는 진한 국물 맛이 일품이다.

재료(4인분)

영계 1마리, 전복 2마리, 불린 찹쌀 ⅔컵, 수삼 1뿌리, 마늘 5쪽, 대추 4개, 깐 밤 3개, 생강 2쪽, 곁들이 대파 1뿌리, 소금·후춧가루 약간씩

이렇게 만들어요

1. 닭은 꽁지와 날개 부분의 끝 한 마디를 잘라낸 다음 껍질 안쪽의 기름기를 떼어내고, 뱃속의 피와 찌꺼기를 말끔히 씻어낸다.
2. 전복은 솔로 문질러 껍질까지 깨끗이 씻는다.
3. 찹쌀은 씻어서 1시간 정도 불리고, 수삼은 잔뿌리를 떼고 칼끝으로 표면을 긁어 깔끔하게 벗긴다.
4. 대추와 밤, 마늘은 통으로 준비하고 생강은 저며 썬다.
5. 닭의 배에 준비한 수삼, 대추, 밤, 마늘을 반만 넣고, 불린 찹쌀을 채운다. 이때 물에 넣을 찹쌀 2큰술을 남겨둔다.
6. 내용물이 나오지 않게 닭다리를 꼬아 잘 오므린다.
7. 냄비에 닭이 잠길 정도로 물을 붓고 찹쌀 2큰술, 생강, 대추, 밤, 마늘을 넣어, 센 불에서 끓이다가 한소끔 끓으면 불을 줄여 1시간 정도 푹 끓인다. 전복은 완성되기 20분 전에 넣어야 질기지 않으며, 전복 내장의 향과 영양이 우러난다.
8. 닭이 익으면 그릇에 담고, 대파와 소금, 후춧가루를 곁들여 낸다.

Cooking point

삼계탕은 배를 잘 오므려야 속에 넣은 재료들이 빠져 나오지 않는다. 다리 안쪽에 칼집을 넣은 후 그 사이에 다른쪽 다리를 끼워 넣어야 한다. 요리하는 중간 중간 이쑤시개로 찔러줘도 된다.

Tip

불린 찹쌀을 남겨두었다가 물에 넣으면 국물이 더 뽀얗게 잘 우러난다.

장어구이와 영양부추 무침

소주와 함께

술을 먹기 위해 안주를 선택할 때도 좋은 안주가 있다. 소주는 공복에 마시면 건강을 해칠 염려가 있으므로 기름진 안주가 좋으며, 비타민 B군과 C, 무기질을 섭취할 수 있어야 한다. 단백질과 불포화지방산, 비타민 등이 풍부한 장어와 영양부추는 소주와 잘 어울리는 안주이다.

재료(4인분)

영양부추 양념장 | 장어 3마리(800g), 청주 1큰술, 후춧가루 약간, 생강 2개, 영양부추 200g, 배추속대 5잎, 홍고추 1개, 액젓·참기름 1큰술씩, 식초 3큰술, 깨소금·설탕 1작은술씩

조림장 | 진간장 2큰술, 생강즙·고추장 3큰술씩, 맛술 4큰술, 다진 마늘·마요네즈·청주·물엿 1큰술씩, 설탕 2큰술, 소금·후춧가루 약간씩

 이렇게 만들어요

1. 장어는 종이타월이나 마른 면 보자기로 닦은 후 장어 껍질 쪽 가운데 부분을 칼로 긁어 점액질을 제거한다.
2. 장어를 먹기 좋은 크기로 썰어 청주 1큰술과 후춧가루를 뿌려 찜통에서 5분 정도 찐다.
3. 장어를 꺼낸 뒤 조림장에 20분 정도 재워 그릴이나 팬에 호일을 깔고 굽는다.
4. 영양부추와 배추속대는 4cm로 썰고, 붉은 고추는 갈라서 씨를 빼고 채를 썬 다음 영양부추 양념에 버무린다.
5. 생강은 곱게 채를 썬 뒤 물에 1시간 이상 담가 매운맛을 뺀다.
6. 장어 위에 생강 채를 올리고, 그 옆에 영양부추무침을 곁들여 낸다. 장어구이에는 생강 채가 가장 잘 어울리며, 깻잎이나 파를 곱게 채 썰어 곁들여도 좋다.

Cooking point

장어는 자꾸 물에 씻으면 신선도가 떨어져 냄새가 나므로 키친타월을 이용해 깨끗이 닦아낸다. 장어 특유의 흙냄새와 비린내의 원인은 껍질 부분의 점액질 때문이므로 칼로 긁어낸다.

키조개 구이

소주와 함께

조개는 단백질이 많고 필수아미노산이 골고루 들어 있는 식품이다. 간을 보하며, 강장 효과가 크므로 술안주로 적합하다.

재 료(4인분)

키조개 · 메추리알 노른자 · 조랭이떡 4개씩, 데친 새우 4마리, 새송이버섯 2개, 은행 8개, 피망 · 양파 ½개씩, 소금 · 후춧가루 · 맛술 · 마늘 · 참기름 1작은술씩, 식용유 약간

구이 양념장 · 청양고추 다진 것 · 고추장 · 고운 고춧가루 · 굴 소스 · 마늘 다진 것, 물엿 1작은술씩

이렇게 만들어요

1. 키조개는 내장을 제거하고, 먹기 좋은 크기로 썰어 소금, 후춧가루, 맛술, 마늘, 참기름으로 밑간을 한다.
2. 새송이버섯, 피망, 양파, 데친 새우는 모두 사방 1cm 크기로 썬 다음 팬에 식용유를 두르고, 구이 양념장으로 살짝 볶는다.
3. 삶아서 소독한 키조개 껍데기에 식용유를 얇게 발라 1, 2의 재료들을 고루 섞어 담고, 그 위에 메추리알 노른자를 얹는다.
4. 석쇠에 호일을 깔고 3의 조개를 얹어 메추리 노른자가 반숙이 되도록 굽는다.
5. 소금을 뿌린 접시 위에 4의 구운 키조개를 담아낸다.

Cooking point
재료를 익혀서 껍데기에 담아 살짝 구워야 살이 연한 조개구이가 된다.

Tip

키조개는 길이 30cm에 달하는 커다란 조개로 일명 '게두'라고도 하는데, 곡식을 까불리는 '키'를 닮았다고 해서 키조개로 불리게 되었다. 키조개는 관자 부위를 식용으로 먹는데, 맛과 영양이 뛰어나서 높은 가격으로 주로 일본에 수출되던 것이 양식으로 대량화되어 수산물 시장이나 마트에서도 쉽게 구입할 수 있다.

낙지와 더덕 겨자소스 무침

소주와 함께

술안주 뿐 아니라 초대 요리에도 좋은 고급스런 음식이다. 대개 낙지 요리는 초무침이나 볶음만 생각하는데, 겨자소스에 무치면 시원하고 톡 쏘는 겨자의 매운맛이 입맛을 즐겁게 해준다.

재 료(4인분)

낙지 400g(4마리), 더덕 50g, 오이 ½개, 미나리 5줄기, 배 ½개, 홍고추 1개

단촛물 소스 | 물 2컵, 설탕·식초 1/3컵, 소금 1큰술

겨자소스 | 갠 겨자(발효시킨 것)·파인애플 주스 2큰술씩, 물·설탕 3큰술씩, 식초 4큰술, 다진 마늘 ½큰술, 소금·간장 ½작은술

이렇게 만들어요

1 낙지는 칼로 머리를 떼고 내장과 먹통을 빼내 물에 씻는다. 굵은 소금으로 바락바락 주물러 미끈거리는 것을 씻어낸다.

2 끓는 물에 낙지를 넣고, 1~2분 정도 데친 뒤 5cm 길이로 썬다.

3 더덕은 씻어서 칼로 돌려 깎은 뒤 어슷썰기 한다.

4 오이와 배, 홍고추는 반으로 갈라 어슷썰기하고, 미나리는 줄기만 4cm 길이로 썬다.

5 준비한 야채는 모두 단촛물 소스에 담갔다가 건져 물기를 제거한다.

6 낙지에 겨자소스를 넣고 버무린 다음 5의 야채와 배를 넣어 가볍게 섞는다.

Cooking point

- 낙지는 너무 크지 않은 중간 정도의 것이 초무침을 했을 때 먹기 좋다.
- 겨자소스에 연유나 생크림, 배즙을 넣어주면 매운맛이 부드러워진다.

제육 보쌈

소주와 함께

소주에는 소박하고 질박한 맛이 나는 안주가 어울린다. 보쌈은 배추 절인 것에 편육, 무생채, 굴 등을 싸 먹는 음식으로 소주 안주로 손색이 없다.

재료(4인분)

배추속대 1/4포기, 소금 적당량, 무 150g, 오이 1/2개, 굴 100g, 양파 1/4개, 깻잎 10장, 쪽파 5뿌리
편육 | 통삼겹살 500g, 생강 1개, 마늘 8쪽, 양파 1개, 된장 1큰술, 인스턴트 커피가루 1작은술, 조미술 2큰술, 통후추 약간, 물 4컵
양념 | 고춧가루 4큰술, 다진 마늘 1큰술, 다진 생강·통깨·참기름 1작은술씩, 새우젓 1½큰술, 소금

이렇게 만들어요

1 통삼겹살은 소쿠리에 올리고 끓는 물을 부어 고기의 잡 냄새를 없앤다.
2 1의 고기와 나머지 편육 재료를 냄비에 넣고, 센 불에서 15분 정도 익히다가 약한 불에서 20분 정도 더 삶는다. 젓가락을 찔러 핏물이 나오지 않고 너무 무르지 않게 삶아졌으면 건진다.
3 삶아 건진 고기를 식힌 후 저며 썬다.
4 양파와 깻잎은 채 썰고, 쪽파는 4cm 길이로 썬다.
5 준비한 무는 고춧가루로 먼저 색을 내고, 양념을 넣어 맛을 낸 뒤 오이, 양파, 깻잎, 쪽파를 넣고 버무린다.
6 제육과 보쌈을 배추 절인 것과 함께 낸다.

Cooking point
- 돼지고기 편육으로는 사태보다 기름이 적당히 낀 목살이나 껍질이 붙어 있는 삼겹살이 고소하고 부드럽다.
- 무채에 깻잎 채를 넣으면 깻잎의 향기가 더해져 돼지고기의 맛과 잘 어울린다.

꽃게 무침

소주와 함께

꽃게는 소화가 잘 되는 저지방 고단백의 영양 만점 식품일 뿐 아니라 부드러운 속살과 고소한 장맛이 얼큰한 양념과 어우러져 소주 안주로 적격이다.

재 료 (4인분)

꽃게 3마리(1kg), 홍고추 1개, 대파 1뿌리, 양파 ½개

양념장 | 고춧가루 8큰술, 간장·멸치액젓 2큰술씩, 물엿 ⅔컵, 다진 마늘 3큰술, 다진 생강·청주·깨소금 2큰술씩, 꽃 소금·후춧가루 약간씩

Cooking point

꽃게 무침은 신선도가 중요하므로 게를 알맞은 크기로 자른 후에는 사람의 손이나 물이 닿지 않도록 하고 바로 무쳐야 살이 빠지지 않는다. 꽃게의 장은 맛을 좌우하므로 게딱지 속의 장은 따로 모아 양념장에 섞는다. 완성된 꽃게 무침은 바로 먹어도 좋지만 하루정도 두었다가 먹으면 양념과 장이 꽃게와 어우러져 더욱 맛있다. 야채는 먹기 직전에 넣어 가볍게 버무려야 물이 덜 생긴다.

이렇게 만들어요

1. 꽃게는 딱지를 떼고 지저분한 부분을 잘라낸 뒤 4등분하고, 가위로 발끝을 잘라낸다.
2. 손질한 꽃게는 채반에 건져 물기를 빼놓는다.
3. 게딱지 속의 게장을 긁어모아 볼에 담고, 준비한 양념장을 섞는다.
4. 양파와 대파는 채 썰고, 홍고추는 어슷썰기한 뒤 씨를 제거한다.
5. 손질한 게를 겹치지 않게 그릇에 깔고, 3의 양념장을 듬뿍 올린다.
6. 5에 야채를 얹은 뒤 남은 양념장을 넣고 가볍게 섞는다.

Tip

암게, 수게 구별하는 방법

배꼽 부분이 뾰족한 것은 수게이고, 둥근 것은 암게이다. 게장을 담글 때는 반드시 암게로 담가야 맛있고, 꽃게 무침은 수게도 무난하다.

게 손질법

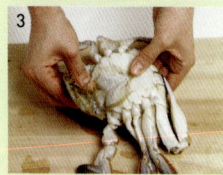

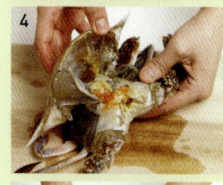

1 **집게발 자르기** | 살아 있는 꽃게를 손질할 때는 먼저 집게발을 잘라야 손이 다칠 염려가 없다.

2 **솔로 몸통 씻기** | 몸통이 매끄럽지 않기 때문에 솔로 구석구석 문질러 씻도록 한다.

3 **배딱지 떼기** | 움푹하게 들어간 게의 배 중앙 부분에 삼각형의 딱지가 있는데, 등딱지를 떼기 전에 이것을 먼저 제거해야 한다.

4 **등딱지 떼기** | 배딱지를 떼어낸 부분에 오른손 엄지손가락을 넣고, 남은 손가락과 손바닥은 등딱지를 잡은 뒤 왼손으로 등딱지를 잡아당긴다.

5 **허파와 털, 모래주머니 제거하기** | 등딱지를 떼어낸 자리에 붙어 있는 털(아가미)을 제거한다. 지저분한 것이 묻어 있으면 흐르는 물에 씻는다.

6 **다리 끝 자르기** | 다리의 뾰족한 끝을 잘라내야 간이 잘 스며들 뿐 아니라 먹을 때도 간편하게 속살을 꺼내 먹을 수 있다.

7 **다리 부드럽게 하기** | 집게 다리는 칼등으로 쳐서 적당히 부서져야 간이 잘 배고, 먹기도 편하다.

8 **몸통 4등분 하기** | 잘 다듬은 게는 큰 것은 먹기 좋게 4등분하고, 작은 것은 반으로 자른다.

Tip

꽃게 선택 요령

들었을 때 묵직한 것이 살이 꽉 찬 것이다. 암게의 경우 등딱지의 양 끝 뾰족한 부분에 주황색이 비치면 알이 있는 것이다. 봄에는 알이 꽉 찬 암게가 맛있고, 산란기(4~6월)가 지난 11월경에는 살이 많은 수게가 맛이 있다. 가을이나 겨울철에 암게를 사용하려면 제철에 잡은 암게를 급속 냉동시킨 꽃게도 신선하고 살이 통통하다. 냉동한 꽃게는 담그기 전날 냉장고에서 서서히 해동시키는 것이 좋다.

Theme story

소주를 이용한 칵테일

레몬소주
복숭아 펀치칵테일
커피와리
매실 한잔

톡 쏘는 레몬소주

재 료 | 소주 1병, 토닉워터 1병 또는 사이다 1병, 레모네이드 가루 3큰술 또는 레몬즙 6큰술, 설탕 3큰술

토닉워터에 레모네이드 가루나 레몬즙 그리고 설탕을 잘 섞은 후에 소주를 부어 고루 혼합되도록 흔들어 준다.

복숭아 펀치칵테일

재 료 | 소주 1/2병, 복숭아 리큐어 2컵, 탄산수 2컵, 복숭아(통조림) 1조각

믹서에 소주와 탄산수, 복숭아 리큐어를 넣고 곱게 갈아주거나 복숭아를 잘게 썬다.

독특한 맛 커피와리

재 료 | 소주 1병, 원두커피콩 4알 또는 깔루아(커피 향이 있는 리큐어) 약간

소주에 커피콩을 넣어 4~5일 정도 두면 커피 향이 배어 알코올 냄새가 나지 않고, 맛이 부드럽다.

새콤한 맛, 매실 한잔

재 료 | 소주 1병, 매실 설탕 절임 10개, 얼음 20개

칵테일 잔에 얼음과 소주를 부어 흔들어 준 다음 매실을 넣어 매실의 향과 맛이 잔 안에 고루 퍼지도록 잠시 두었다가 마신다.

전통주에 어울리는 안주

전통주와 함께

전통주는 그 지역의 특산물인 곡물, 약재 등이 좋은 물과 누룩을 이용한 발효기법이 어우러져 탄생한 민속주, 향토주라고 할 수 있다.
잘 빚은 전통술은 일반적인 술에 비해 부드럽고 취기가 빨리 느껴지며, 빨리 깨는 술이다. 대표적인 전통주로는 서울 문배주, 한산 소곡주, 전주 이강주, 안동 국화주, 진도 홍주, 경주 교동 법주 등이 있다.
귀한 전통주의 맛을 상승시키는 안주는 담백한 재료를 선택해 깔끔하고 개운하게 조리하는 것이 포인트다.

홍어회 무침

아귀 지리

단호박 해물찜

편육수삼 냉채

삼마 빈대떡

홍어회 무침

홍어는 향긋한 야채와 함께 매콤한 양념장에 버무리면 꼬들꼬들하게 씹히는 맛이 술 안주로 제격이다.

재 료(4인분)
홍어 300g, 무 1토막(200g), 오이 1개, 미나리 약간, 홍고추 1개, 사이다 1컵, 식초 ½컵
무 밑간 | 소금 ½큰술, 설탕·식초 1큰술씩
양념장 | 홍고추 간 것 ½컵, 고춧가루·설탕 2큰술씩, 2배 식초 3큰술, 소금 ½작은술, 다진 마늘 1큰술, 참기름·깨소금·맛술·생강즙 ½큰술씩, 후춧가루 약간

이렇게 만들어요

1 홍어는 껍질을 벗긴 뒤 물에 씻지 않은 채, 사이다에 40분간 담근다.

2 1을 건져 먹기 좋게 썬 다음 다시 식초 ½컵에 30분간 담근다.

3 홍어를 꼭 짠 뒤 냉장고에 2시간 이상 둔다.

4 오이는 4등분한 뒤 가운데 씨를 발라내고 새끼손가락 굵기로 썰고, 무도 같은 굵기로 썬다. 무 밑간에 무를 30분간 재웠다가 건져내고, 다시 오이를 재운 후 건져 물기를 꼭 짠다.

5 미나리는 4cm로 썰고, 홍고추는 어슷썰기 하여 씨를 제거한다.

6 홍어 양념에 3의 홍어를 넣어 버무리고, 채소를 넣어 가볍게 섞는다.

홍어가 사이다와 식초에 절어서 살이 불투명해지고 꼬들꼬들해지면 베 보자기에 싸서 물기를 꼭 짠다.
물기가 많으면 무친 후에 물이 나와서 맛이 없다.

아귀 지리

술기운이 어느 정도 느껴지면 국물을 찾는 것이 보통이다. 맑게 끓인 아귀지리는 아귀의 구수하고 담백한 맛이 우러나 숙취에 좋은 술안주이다.

재 료(4인분)

아귀 300g, 콩나물 200g, 미나리 줄기 50g, 느타리버섯 50g, 팽이버섯 ½봉, 애호박 ½토막, 대파 1뿌리, 청·홍고추 1개씩, 굵은 소금 2큰술, 다시마 국물 6컵, 말린 고추 3개, 무 100g, 꽃소금·후춧가루 약간씩

이렇게 만들어요

1. 아귀는 내장을 제거하고 굵은 소금으로 문질러 씻은 후 토막을 낸다.
2. 토막 낸 아귀는 다시 한번 말갛게 씻어 체에 밭쳐 물기를 뺀다.
3. 콩나물의 머리와 꼬리는 잘라내고, 미나리 줄기는 4cm로 자른다.
4. 호박은 반으로 갈라 반달 썰기를 하고, 대파, 청·홍고추는 어슷썰기 한다.
5. 다시마 국물에 말린 고추와 무를 썰어 넣고 끓여서 육수를 준비한다.
6. 손질한 아귀를 넣고 느타리버섯, 팽이버섯, 호박 등 채소를 넣고 소금과 후춧가루로 간을 맞춘다.

Tip

다시마국물 만들기

1. 5×5cm 크기의 다시마를 준비해 표면의 흰 가루를 털어 내고, 마른 행주로 깨끗이 닦는다.
2. 다시마는 물 6컵 분량의 찬물에 담가 30분 정도 부드럽게 불린다.
3. 냄비에 다시마 불린 물과 다시마를 넣은 뒤 10분가량 끓이다가 국물이 우러나면 다시마를 건진다. 오래 끓이면 점액질이 흘러나와 국물이 지저분해지므로 주의한다.

단호박 해물찜

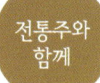

과음은 몸을 상하게 하지만 적당히 마시면 긴장을 풀어주고 식욕을 촉진하는 역할을 한다. 반주에는 맑고 독하지 않은 술이 좋은데 전통주로 반주를 하면 건강을 상승시키는 효과가 있다.

재료(4인분)

단호박 1개, 오징어 ½마리, 새우 4마리, 새송이버섯 3개, 피망 1개, 당근 약간, 양파 ½개, 조랭이떡 약간, 고추기름 2큰술

양념장 | 고추장·고춧가루·설탕·맛술 1큰술씩, 간장·다진 마늘 ½큰술씩

찹쌀 물 | 찹쌀가루·물 3큰술씩, 참기름·깨소금·잣가루·파슬리가루 약간씩

이렇게 만들어요

1. 단호박은 꼭지부분을 살려 둥글게 도려 내 뚜껑으로 활용할 수 있도록 준비하고, 숟가락으로 호박의 속 씨를 제거한다.
2. 김이 오른 찜통에 준비한 단호박을 넣고, 20분 정도 찐 다음 꺼내 식힌다.
3. 오징어와 새우는 내장을 제거하고, 한 입 크기로 썰어 놓는다.
4. 새송이버섯과 피망, 당근, 양파는 1cm 크기의 정육면체로 썬다.
5. 팬에 고추기름을 두르고 오징어, 새우, 당근, 양파, 버섯, 피망 순으로 볶는다.
6. 5에 양념장을 넣고 볶다가 찹쌀 물을 넣고, 걸쭉해지면 참기름과 깨소금을 넣어 맛을 낸 후 호박 속에 채워 넣는다.
7. 잣가루와 파슬리가루를 솔솔 뿌려 완성한다.

편육수삼 냉채

담백한 편육에 수삼의 향과 맛이 어우러진 냉채는 술안주 뿐 아니라 손님 접대 시 전체 요리로도 손색이 없다.

재 료(4인분)

소고기(아롱사태) 1kg
사태 삶는 양념 | 물 30컵, 간장 1컵, 양파 1개, 설탕·청주 ⅓컵씩, 대파 2대, 통후추 2큰술
수삼냉채 | 수삼·날밤 50g씩, 대추 25g, 셀러리 약간
겨자소스 | 겨자가루·물 2큰술씩, 식초·설탕 3큰술씩, 꽃 소금 1작은술, 오렌지 주스 1큰술

이렇게 만들어요

1 소고기는 찬물에 담가 핏물을 완전히 뺀 다음 3등분 한다.
   * 소고기는 기름기가 없는 아롱사태를 덩어리 째 준비한다.
2 냄비에 물과 양념을 넣고 끓으면 고기를 넣고 젓가락으로 찔렀을 때 핏물이 나오지 않을 정도로 삶는다.
3 삶은 고기는 건져 한 김 식힌 뒤, 랩 또는 면 보에 꼭꼭 말아 둥글고 길게 모양을 잡은 다음 냉장고에 넣어 차게 식힌다.
4 수삼은 껍질을 벗겨 4cm 길이로 채를 썰고, 셀러리도 같은 크기로 채 썬다.
5 날밤은 채를 썰고, 대추는 돌려 깎아 씨를 제거한 후 채를 썰어 준비한다.
6 겨자가루와 물을 같은 양으로 섞어 발효시킨 후 준비한 양념을 넣고 잘 섞어 겨자소스를 만든다.
7 준비한 고기는 결 반대로 0.4cm 두께로 썰어 접시에 담는다.
8 수삼, 날밤, 대추, 셀러리 채 썬 것을 볼에 담아 겨자소스로 버무려 고기와 함께 곁들인다.

Cooking point
편육의 모양을 둥글고 길게 잡으려면 삶아 건져 한 김 식힌 뒤 랩이나 면 보에 꼭꼭 싸서 냉장고에 넣어 식힌 뒤 썰어야 한다.

Tip 좋은 수삼을 선택하는 요령
수삼의 주된 성분은 비타민 B군과 사포닌으로 모양이 곧고 잔뿌리가 잘 발달되어 몸통에 붙어 있는 것이 좋은 수삼이다. 몸에 상처나 얼룩이 있어서는 안 되며, 표피가 오돌토돌해서도 안 된다.

삼마 빈대떡

마는 단백질과 필수아미노산이 풍부한 알칼리성 식품으로 소화성이 좋은 매력적인 강장식품이다. 몸이 허약한 사람과 마른 사람에게 좋을 뿐 아니라 내장을 튼튼하게 해주고 기력을 증진시켜 주는 것으로 알려져 있다. 마는 대부분 생식을 하는데 감자나 고구마와 마찬가지로 당질의 대부분이 녹말질로 되어 있어 빈대떡을 만들어도 좋다.

재 료(4인분)

삼마 500g, 돼지고기 120g, 당근 · 양파 100g씩, 청 · 홍고추 2개씩, 밀가루(중력) 5큰술, 계란 2개, 다진 마늘 1큰술, 소금 1큰술

간장소스 | 간장 · 물 4작은술씩, 식초 · 설탕 1작은술씩

이렇게 만들어요

1 삼마는 껍질을 벗기고, 깨끗이 씻어 강판에 간다.
2 양파와 당근은 강판에 갈고, 청 · 홍고추는 어슷썰기한 뒤 씨를 제거한다.
3 돼지고기는 살코기로 곱게 간다.
4 1, 2, 3의 재료를 혼합해서 소금과 마늘, 밀가루와 계란을 넣어 반죽한다.
5 식용유를 두른 팬에 적당한 크기로 부치면서 청 · 홍고추를 얹는다.

마를 갈면 티로시나제라는 효소의 영향으로 갈변하기 쉬우므로 바로 전을 부쳐야 색의 변화를 막고 깨끗한 빈대떡을 만들 수 있다.

과실주 & 약주에 어울리는 안주

과실주,
약주와
함께

과실과 약재를 재료로 만든 과실주나 약주는 맛과 향기가 좋을 뿐만 아니라 몸에도 좋은 것으로 알려져 있다. 또 술에 따라서는 만성적인 질병에 치료 효과가 있는 술도 있다.
과실주와 약주의 안주는 기름지지 않은 가벼운 재료를 선택해 단순한 방법으로 조리해야 술의 맛과 향을 상승시키는 안주를 만들 수 있다.

탕평채

땅콩호두 장과

불고기 샐러드

버섯 들깨탕

멍게 전채

탕평채

과실주, 약주와 함께

탕평채의 탕평이란 어느 쪽에도 치우침 없이 고르다는 뜻을 지닌 탕탕평평(蕩蕩平平)이란 말에서 유래되었다. 탕평채는 청포묵의 탄수화물, 계란 지단과 고기의 단백질, 오이·숙주의 비타민과 무기질을 고루 섭취할 수 있어 영양학적으로 완벽한 균형을 갖춘 음식이다.

재 료(4인분)

청포묵 1모, 소고기 30g, 오이 1/2개, 달걀 1개, 숙주 50g

소고기 양념장 | 간장 1/2작은술, 설탕·다진 파·마늘 1/4작은술씩, 깨소금·후춧가루·참기름 약간씩

초간장 | 간장 1큰술, 설탕·식초 1.5작은술씩, 참기름 1작은술, 소금·식용유 약간

이렇게 만들어요

1 청포묵은 길고 가늘게 채 썰어 뜨거운 물에 넣고 끓인 후 건져 찬물에 헹궈 물기를 완전히 제거한다.

2 소고기는 곱게 채를 썰어 소고기 양념장에 재어 볶는다.

3 오이는 6cm 길이로 잘라서 껍질만 돌려 깎아 소금을 넣고 살짝 절여 물기를 짠 후 기름에 볶는다.

4 숙주는 머리와 꼬리를 뗀 후 끓는 물에 소금을 넣고 살짝 데친 후 그대로 식힌다.

5 달걀은 흰자와 노른자로 나누어 각각 지단을 부친 후 곱게 채 썬다.

6 접시에 묵을 깔고 준비한 재료를 색을 맞춰 놓는다.

7 먹기 직전에 초간장을 끼얹어 낸다.

  * 초간장에 겨자 갠 것을 넣으면 겨자의 매콤하고 은은한 풍미를 느낄 수 있어 좋다.

Cooking point

손질된 청포묵은 물기를 완전히 제거해야 탄력 있고, 쫀득한 묵의 맛을 느낄 수 있다.

땅콩호두 장과

과실주, 약주와 함께

땅콩과 호두에는 콜레스테롤 수치를 낮추는 필수지방산과 불포화지방산이 많아 동맥경화나 심장병과 같은 성인병을 예방할 수 있는 식품이다.

재 료(4인분)

땅콩 · 호두 200g, 소고기(우둔살) 100g, 참기름 1큰술

조림장 | 조림 간장 · 물 ½컵씩, 진간장 2큰술, 곱게 간 마늘 ½큰술, 물엿 5큰술, 청주 1큰술, 흰 후춧가루 약간

이렇게 만들어요

1. 땅콩과 호두는 물에 2~3번 헹궈 냄비에 담고, 잠길 정도로 물을 부어 말랑하게 익을 때까지 푹 삶아 찬물에 헹궈 건진다.
   * 땅콩과 호두를 무르게 푹 삶아야 시간이 지나도 딱딱해지지 않는다.
2. 소고기는 2×2cm 크기로 납작하게 썬다.
3. 냄비에 조림장을 넣고, 보글보글 끓인다.
4. 조림장이 끓을 때 소고기를 넣고, 고기가 알맞게 익으면 땅콩과 호두를 넣어 은근한 불에 가끔씩 섞어주면서 조린다.
5. 약한 불에서 40분 이상 은근히 조려 조림장 국물이 자작해지고, 땅콩과 호두에 간이 배면 불을 끄고 참기름을 섞는다.

조림장 양념을 섞어 바글바글 끓이다가 소고기와 땅콩, 호두를 넣어야 윤기가 나는 맛있는 장과가 된다.

불고기 샐러드

불고기 샐러드는 주재료인 고기를 전통적인 방법으로 조리하고 신선한 야채와 혼합시킨 영양 만점의 샐러드로서 곁들여지는 새콤, 달콤한 머스터드 소스는 과일주와 잘 어울린다.

재 료(4인분)

등심(안심) 200g, 양송이버섯 2개, 양파 1/4개, 로메인레터스, 비타민, 시금치 등 샐러드 야채 100g

고기 양념 | 간장 2큰술 · 설탕 · 마늘 · 청하 · 미림 2작은술씩, 깨소금 1큰술, 참기름 2작은술, 레드페퍼 · 후춧가루 약간씩, 물 5큰술

머스터드(양겨자) 소스 | 식용유 4큰술, 간장 · 식초 · 설탕 · 양겨자 2큰술씩, 후춧가루 약간

이렇게 만들어요

1 소고기는 두께 0.7cm 정도로 썰어 양념에 재운다.

2 양송이버섯은 모양을 살려서 납작 썰기하고, 양파는 곱게 채 썬다.

3 샐러드 채소는 다듬어 씻은 뒤 물에 담갔다가 물기를 털어 한 입 크기만큼 손으로 뜯어 놓는다.

4 양념한 고기는 구워서 한 김 나간 뒤에 사용한다.

5 4의 고기에 썰어 놓은 야채와 양겨자 소스를 넣고 무쳐 그릇에 보기 좋게 담는다.

Tip

불고기를 만들 때 고기를 연하고 더 맛있게 하고 싶다면 술을 넣는 것이 좋다. 알코올이 소고기의 숙성을 도와주고 지방과 단백질을 분해하는 역할을 하기 때문이다. 술은 청주나 포도주와 같이 알코올 농도가 낮은 것이 좋다.

버섯 들깨탕

과실주, 약주와 함께

버섯과 들깨에는 구아닐산이 풍부해 혈중 콜레스테롤을 낮출 뿐만 아니라 비타민이 골고루 들어 있다. 여름철 보양식일 뿐 아니라 숙취 예방에도 좋은 안주라 할 수 있다.

재 료(4인분)

표고버섯 100g, 새송이버섯 1개, 느타리버섯 50g, 토란줄기 30g, 들깨(껍질 벗겨서 볶지 않은 것) 1컵, 불린 쌀 $\frac{1}{3}$컵, 소금 약간, 멸치육수 6컵

Cooking point

비린내 나지 않는 멸치육수 만들기

재 료 | 머리와 내장을 제거한 멸치 50g, 다시마 1조각, 마른새우 20g, 물 7컵

- 냄비에 멸치와 다시마, 마른새우를 넣고 미지근한 물을 부어서 5시간 정도 우린다(시간이 없을 경우에는 펄펄 끓이지 말고, 끓어오르기 전까지만 끓인다).
- 끓이지 않고 재료를 하루 저녁 물에 담갔다가 쓰면 비린내가 나지 않는다.

이렇게 만들어요

1. 표고버섯은 따뜻한 물에 불려 부드러워지면 밑동을 떼어 얇게 썰고, 새송이버섯은 5cm 길이로 얇게 편으로 썬다.
2. 느타리버섯은 반으로 찢은 뒤 나머지 버섯과 함께 끓는 물에 소금을 넣고 살짝 데친다.
3. 데친 버섯은 물기를 꼭 짜고, 들기름과 간장으로 밑간을 한다.
4. 토란줄기는 버섯과 같은 길이로 썰어 놓는다.
5. 믹서에 들깨와 불린 쌀, 소금을 넣고 멸치육수를 1컵 넣어 곱게 간다.
6. 냄비에 버섯, 토란줄기, 멸치육수 5컵을 넣고, 잘박하게 끓이다가 갈아 놓은 들깨즙을 넣어 15분 정도 끓인다.
7. 국물이 걸쭉해지면 소금으로 간을 해서 낸다.

멍게 전채

울퉁불퉁 향긋한 바다의 파인애플 멍게와 소화를 원활하게 하고 위를 보호하는 달착지근한 마의 궁합이 절묘한 안주이다.

재료(4인분)

멍게 10개, 레디쉬 2개, 무순 1/4팩, 마 200g, 단촛물 2컵

초고추장 | 고추장 4큰술, 식초 2큰술, 설탕 2큰술, 사과 1/4개, 오렌지주스 2큰술, 생강즙 약간

이렇게 만들어요

1 멍게는 밑동을 잘라낸 후 칼끝을 이용해 껍질을 갈라 손가락으로 살을 발라낸다.

2 발라낸 멍게 살 안에 들어 있는 이물질을 꺼낸 후, 찬물에 재빨리 씻어 한 입 크기로 썬다.

3 레디쉬는 곱게 채 썰고, 무순은 지저분한 밑동을 잘라낸다.

4 마는 껍질을 벗겨 0.5cm 두께로 둥글게 썬 다음 단촛물에 담가 갈변을 방지한다.

5 마 위에 멍게 살과 레디쉬, 무순을 조금씩 얹고, 초고추장을 곁들여 낸다.

Tip

멍게에는 인체에 필수 불가결한 미량금속인 바나디움 성분이 들어 있어 당뇨병에 효과가 있고, 원기회복에 도움이 된다. 멍게에 들어 있는 콘드로이틴황산은 피부미용과 노화방지 동맥경화 억제, 뼈 형성 작용, 세균감염 억제 등에 탁월한 생리활성 물질이다. 다량의 글리코겐을 함유하고 있어 맛도 좋다.

과실주를 제대로 담그는 요령

❶ 신선한 재료를 선택한다

과실류는 제철에 난 신선하고 흠집이 없는 것을 사용해야 한다. 요즈음은 농약을 많이 사용하므로 껍질째 사용하는 과실이라면 여러 번 잘 씻어 물기를 완전히 말린 후 사용한다.

❷ 덜 익은 과일을 이용한다

너무 익은 과실보다는 약간 덜 익은 과실 쪽이 과실의 진한 맛이 잘 우러나 술 맛이 좋다.

❸ 과실주의 숙성

과실주를 만드는 데는 35°의 소주가 적합한데 과실주의 원주가 25°일 때는 4개월, 35°일 때는 3개월, 45°때는 2개월이 숙성기간으로 적합하다.

❹ 용기 및 보존 장소

용기는 완전히 밀봉할 수 있는 입구가 넓은 병이 사용하기 편리하며, 시판되고 있는 과실주 전용 용기가 아니어도 인스턴트커피 병이나 유색의 병, 음료수 병 등을 사용하면 편리하다.
어둡고 광선이 비치지 않는 곳에서 적당한 온도(15~20℃)에 보관하여 완전히 숙성되면 과실을 꺼내고 술만 보관한다.

에스트로겐이 풍부한 여성에게 좋은 석류주

재 료 | 석류 10개, 소주(35%) 3.6L
담는 시기 | 10월~이듬해 2월

준비한 용기에 석류를 알알이 따서 넣고, 소주를 부어 밀봉한 후 직사광선이 비치지 않는 서늘한 곳에 보관하여 3개월 후 맑은 부분만 조심스럽게 따른다.

체리의 상큼함에 빠져 드는 체리주

재 료 | 체리 1kg, 소주(35%) 3.6L
담는 시기 | 가을(수입 산으로 사계절 가능)

준비한 용기에 깨끗하게 닦은 체리와 소주를 넣고 밀봉한 후, 직사광선이 비치지 않는 서늘한 곳에 보관하여 3개월 후 맑은 부분만 거른다.

식욕증진과 감기 예방에 좋은 귤주

재 료 | 귤 2kg, 소주(35%) 3.6L
담는 시기 | 11월~이듬해 3월

준비한 용기에 이등분한 귤과 소주를 넣고 밀봉한 후, 직사광선이 비치지 않는 서늘한 곳에 보관하여 2개월 후 여과용 망 혹은 면 보로 가볍게 짠 후 맑은 부분만 조심스럽게 따른다.

맛과 향이 황홀한 진한 자줏빛의 매혹적인 머루주

재 료 | 머루 800g, 소주(35%) 3.6L, 설탕 200g
담는 시기 | 8~9월

준비한 용기에 머루를 한 알씩을 따서 설탕과 소주를 함께 넣어 밀봉한 후, 직사광선이 비치지 않는 서늘한 곳에 보관하여 3개월 후 여과용 망 혹은 면 보로 가볍게 짠 후 맑은 부분만 조심스럽게 따른다.

건강에 좋은 약용주 만들기

❶ 재료

약용주의 재료로 사용되는 것은 한방약 또는 생약이다. 한약 건재상에서 구입하되, 향기가 없어졌거나 맛이 변질되었거나 벌레 먹은 것을 주의해서 선택한다.

❷ 감미료를 처음부터 넣지 않는다

약용주는 과실주와 달리 술을 담글 때 처음부터 설탕을 사용하지 않고 완전히 숙성된 다음에 넣거나 혹은 마실 때 꿀을 가미하여 마시면 상승 작용을 일으켜 더욱 좋은 약용주가 된다.

❸ 생약의 성분이 충분히 배어 나오도록 한다

약용주를 만들 때는 알코올 도수가 높은 것이 좋다. 보통 35°의 소주를 사용하면 되고, 생약을 사용할 때는 재료의 3~5배 양의 소주를 사용한다.
약용주를 한번에 다량으로 마시거나 하루에 여러 번 마시는 것은 좋지 않다. 여유 있게 알맞은 양을 오래 음용할 때만 약용주의 효과를 얻을 수 있다. 작은 잔으로 식전 혹은 식후에 1잔 정도가 제일 적당하다.

거담 효과가 뛰어나며
정장·강장제로 좋은 더덕주

재 료 | 더덕 200g, 소주(35%) 3.6L
담는 시기 | 사계절

더덕은 흙을 깨끗하게 털고 물에 씻어 거즈로 물기를 닦는다. 준비한 용기에 더덕과 소주를 넣고 밀봉한 후, 직사광선이 비치지 않는 서늘한 곳에 6개월간 보관했다가 재료를 체에 걸러 맑은 부분만 조심스럽게 따른다.

간 기능 개선에 좋은 인삼주

재 료 | 인삼(6년 근) 2뿌리, 소주(35%) 3.6L
담는 시기 | 사계절

준비한 용기에 깨끗하게 씻은 인삼을 통째로 넣고 소주를 부어 밀봉한 후, 직사광선이 비치지 않는 서늘한 곳에 보관했다가 6~7개월 후 재료를 체에 걸러 맑은 부분만 조심스럽게 따른다.

불면증, 피부미용에 좋은 알로에주

재 료 | 알로에 200g, 소주(35%) 3.6L
담는 시기 | 사계절

준비한 용기에 적당한 크기로 썬 알로에와 소주를 넣고 밀봉한 후, 직사광선이 비치지 않는 서늘한 곳에 보관했다가 1개월 후 재료를 체에 걸러 맑은 부분만 조심스럽게 따른다.

피로회복에 좋은 산수유주

재 료 | 산수유 2kg(말린 산수유 400g), 소주(35%) 3.6L
담는 시기 | 9~10월

준비한 용기에 산수유와 소주를 넣어 밀봉한 후, 직사광선이 비치지 않는 서늘한 곳에 보관했다가 3개월 후 재료를 체에 걸러 맑은 부분만 조심스럽게 따른다.

우울증 · 불면증 치료에 좋은 가시오가피주

재 료 | 가시오가피 200g, 소주(35%) 3.6L
담는 시기 | 사계절

준비한 용기에 가시오가피와 소주를 넣고 밀봉한 후, 직사광선이 비치지 않는 서늘한 곳에 3개월간 보관했다가 재료를 체에 걸러 맑은 부분만 조심스럽게 따른다.

폐를 보호하고 자양강장제로 좋은 오미자주

재 료 | 오미자 400g, 소주(35%) 3.6L
담는 시기 | 사계절

오미자는 물에 쉽게 물러 흐르는 물에서 빠르게 씻은 후 물기를 빼고 그늘에서 말려야 한다. 준비한 용기에 오미자와 소주를 부어 밀봉한 후, 직사광선이 비치지 않는 서늘한 곳에 보관했다가 20일 후 재료를 체에 걸러 맑은 부분만 조심스럽게 따른다.

위스키에 어울리는 안주

위스키와 함께

위스키는 중세기 연금술의 발달과 함께 아일랜드에서 탄생했다. 영국 본토의 북부 스코틀랜드가 본고장이라는 것이 대표적인 설이다. 증류에 의해 얻어진 알코올은 라틴어로 '아꾸아비떼(Aqua-Viate, 생명의 물)'라 하여 불로장생의 비약으로 여겨졌는데 이를 제조하는 증류기술이 아일랜드에 전파되었다. 맥주를 증류한 술을 '위스키 바어(Uisge-bea-tha)'라 불렀는데 여기에서 위스키라는 이름이 비롯되었다고 전한다.

 여러 가지 올리브 류

 소고기 꼬치구이

 타라곤, 마늘, 올리브유에 잰 캄보졸라 치즈

 토마토와 허브 향으로 속을 채운 가지

 석화(굴)구이

여러 가지 올리브류 Marinated Olives

위스키와 함께

올리브는 터키가 원산지로 이태리, 스페인, 그리스 등에서 주로 생산되며, 이른 가을에 녹색의 열매를 맺기 시작해 숙성하는 동안 어두운 자줏빛을 거쳐 검은 빛으로 변한다. 이는 올리브 맛을 결정하는 요인이기도 하다. 올리브유 1L를 얻기 위해서는 4~5kg의 올리브 열매가 필요하다.

재료(4인분)
① 그린 올리브 80g, 다진 마늘 4쪽, 다진 펜넬(회향 풀) ½티스푼, 올리브유
② 블랙 올리브 80g, 다진 마늘 4쪽, 마른 홍고추 1개, 레드와인 식초 Dash, 레몬주스
③ 피컨트 올리브 80g, 풋고추 2~3개, 백포도주 식초, 레몬주스, 절인 파프리카

이렇게 만들어요

1 올리브는 통조림 또는 병조림으로 구입해 물기가 빠지도록 체에 받쳐 놓는다.

2 그린 올리브는 다진 마늘과 다진 펜넬, 올리브유를 넣어 재어 놓는다.

3 다진 마늘, 마른 홍고추 다진 것, 레드와인 식초와 레몬주스를 넣고 잘 섞은 후 블랙 올리브를 넣어 재어 놓는다.

4 피컨트 올리브는 다진 풋고추와 백포도주 식초, 레몬주스에 재어 놓는다.

5 각각의 양념에 재어 놓은 올리브는 보기 좋게 그릇에 담고 허브나 파프리카를 곁들인다.

Tip
올리브 사용 방법
시중에는 다양한 종류의 올리브들이 수입되어 있다. 구입하여 그대로 사용해도 되고, 취향에 따라 신선한 허브(Herb)를 첨가해도 좋다.

펜넬(Fennel)
미나리과의 야채로 달콤한 맛과 향기가 난다.

Cooking point
올리브유나 와인식초, 레몬주스를 잘 섞어 양념을 만든 후 올리브를 유리병에 담고, 양념을 부어 충분히 재웠다가 실온에서 3주 정도 숙성시켜 사용해도 좋다.

소고기 꼬치구이 Satay Beef Sticks

위스키와 함께

동남아시아에 널리 알려진 요리로 절인 고기나 생선, 가금류를 주로 사용하며 대나무 또는 나무 꼬치에 고기를 끼워서 사타이 소스를 발라 굽는다.

재 료(10개)

아니스 열매 가루(오향) $\frac{1}{2}$티스푼, 커민 가루(향료) $\frac{1}{2}$티스푼, 코리안더 가루(고수) $\frac{1}{2}$티스푼, 튜메릭 가루(삼황(인도산 생강의 일종) $\frac{1}{2}$티스푼, 다진 쪽파 1개, 다진 마늘 1쪽, 다진 생강 1개, 레몬 줄기 1개, 땅콩기름(올리브유 대체 가능) 35mL, 간장소스 1티스푼, 소고기 안심 20조각(200g), 설탕

이렇게 만들어요

1. 꼬치는 구울 때 타지 않도록 물에 한 시간 동안 담가 둔다.
2. 냄비에 설탕, 레몬, 생강, 마늘, 쪽파, 코리안더 가루, 아니스 가루, 커민, 튜메릭을 넣고 잘 섞어 끓이다가 땅콩기름(올리브유 대용 가능)과 간장소스를 넣어 고루 섞는다.
3. 준비한 꼬치에 소고기를 끼워 팬에 담고, 2의 소스를 고루 발라서 냉장고에 2~3시간 둔다.
4. 그릴에 양념한 꼬치를 1~2분간 굽는다. 도중에 3~4번 꼬치를 돌려가면서 골고루 구워지도록 한다.
5. 구워진 사타이는 접시에 담아 사타이 소스와 함께 낸다.

Cooking point

사타이소스 만들기

재 료 | 다진 마늘 1개, 땅콩버터 80g, 코코넛 우유 40mL, 타바스코 약간, 벌꿀·레몬주스·간장 소스 2티스푼씩

1. 깐 마늘은 끓는 물에 3분간 삶아 찬물에 담갔다가 물기를 제거해 다진다.
2. 소스 팬에 땅콩버터, 마늘, 코코넛, 우유를 넣고 물 60mL를 넣고 끓이면서 저어준다. 소스가 부드러워지고 걸쭉해질 때까지 1~2분간 중간 불에 저어가며 끓인다.
3. 2에 타바스코, 벌꿀, 레몬주스, 간장소스를 넣으면서 혼합이 잘 될 때까지 저어준다. 혼합물이 분리되면 물 1~2 티스푼을 넣어 저어준다.
4. 소스를 식힌 후 냉장고에 보관하고 먹을 때 따뜻하게 데워 요리에 곁들인다.

타라곤, 마늘, 올리브유에 잰 캄보졸라 치즈

Cheese Marinated in Tarragon Garlic

위스키와 함께

캄보졸라 치즈는 겉껍질에 브리 치즈처럼 흰곰팡이가 피어 있다. 부드러우면서 달콤하고 시큼한 맛과 향을 느낄 수 있는 속살에는 블루 치즈처럼 푸른곰팡이가 있는 것이 특징이다. 카망베르 치즈와 고르곤졸라 치즈가 합해져 독일에서 탄생된 치즈로 과일, 견과류와 매우 잘 어울리며, 주로 디저트용으로 사용된다.

재료(4인분)

엑스트라 버진 올리브유 250mL, 타라곤 식초 110mL, 다진 타라곤(사철쑥 류) 1티스푼, 거칠게 분쇄한 후추 1티스푼, 깐 마늘 ½통, 덩어리 치즈(캄보졸라) 250g, 장식용 타라곤, 붉은 피망(로스트) 1개

이렇게 만들어요

1. 올리브유와 타라곤 식초, 다진 타라곤, 통후추 간 것, 깐 마늘을 병에 넣고, 일주일 정도 숙성시켜 체에 걸러 놓는다.
2. 캄보졸라 치즈를 사방 2cm 크기의 정육면체로 썰어 볼에 담고, 1의 오일을 붓는다. 바로 먹는 것보다 2일 정도 숙성시키면 더욱 좋은 풍미를 낼 수 있다.
3. 붉은 피망은 오븐에 구워 길이 5cm, 폭 0.5cm 크기의 굵은 채로 썰어 2의 치즈 위에 장식한다.
4. 신선한 타라곤 잎으로 장식해서 접시에 담아낸다.

> **Tip**
>
> **타라곤**
>
> 소스나 샐러드, 수프, 생선요리 등에 널리 사용하며 향기와 쓴맛이 강하다.

> **타라곤 식초**
>
> 타라곤을 넣어서 만든 식초로 허브 재료상에서 판매한다. 식초에 타라곤을 넣어서 만들어 사용해도 된다.

> **Tip**
>
> **엑스트라 버진 올리브유**
>
> 가을에 수확한 올리브 열매를 엄선하여 압착해 짜낸 기름이다. 올리브유 중에서도 최상급으로 향기가 강하고 엷은 녹색을 띠며, 주로 샐러드 드레싱에 사용된다.

토마토와 허브 향으로
속을 채운 가지 Staffed Eggplant

● 위스키와 함께

재 료(4인분)

중간 크기보다 작은 가지 2개, 올리브유 30mL, 다진 양파 ½개, 다진 마늘 3개, 다진 셀러리 ½대, 다진 붉은 피망 ½개, 밀가루 1티스푼, 촉촉한 빵가루 70g, 계란 흰자(거품 낸 것) 1개, 소금, 후추, 파르메산치즈 또는 모차렐라치즈 1티스푼, 바질 장식용 1잎

이렇게 만들어요

1. 가지는 껍질을 벗기지 않고 240℃의 오븐에서 6~8분간 구워(그릴 또는 전자레인지에서도 가능) 가지 윗부분의 1/4 정도를 자르고 속을 파낸다. 파낸 속은 으깨 걸쭉한 가지 퓨레를 만든다.

2. 프라이팬을 뜨겁게 달군 다음 올리브유를 넣고 다진 마늘, 다진 양파를 2~3분 볶다가 다진 셀러리, 다진 피망, 가지 퓨레를 혼합해 볶으면서 약간의 밀가루와 빵가루를 넣고, 골고루 섞어 식힌다.

3. 계란 흰자를 거품이 나도록 저은 다음 2에 넣고 섞는다.

4. 1의 속을 파낸 가지에 3을 수북하게 채우고, 그 위에 치즈를 올린 후 갈색 빛이 나도록 오븐 또는 그릴에서 굽는다.

5. 완성된 가지를 그릇에 담아 바질잎으로 장식해 낸다.

Tip
바질

키친 허브로 불릴 정도로 요리에 다양하게 애용되며, 특히 이탈리아 요리에 빠질 수 없다. 장식용으로도 많이 사용된다.

Cooking point

허브 토마토소스 Tomato Herb Sauce 만들기

올리브유 1티스푼, 다진 양파 1개, 다진 마늘 2개, 다진 생강 1티스푼, 싱싱한 토마토 250g, 바질·고수(실란트로) Taste 약간씩

1. 팬에 열을 가한 후 올리브유를 넣어 마늘, 양파, 생강을 넣고 2분 정도 볶는다.
2. 토마토는 뜨거운 물에 담갔다가 찬물에 식힌 후 껍질을 제거해 다진다.
3. 1에 2를 넣어 같이 끓인다.
4. 끓는 중간에 바질과 고수를 넣고, ½컵 정도가 되도록 끓인 후 보관한다.

석화(굴)구이 Oyster Platter

위스키와 함께

재 료(4인분)

석화 18개, 레드캐비아 또는 날치알 1½티스푼, 블랙캐비아(날치알) 1½티스푼, 토마토 칵테일 ½컵, 라임 또는 레몬 ½개, 통후추 갈은 것, 크림소스 70mL, 체다치즈(갈은 것) 70g, 팔메산치즈(가루) 1½티스푼, 잘게 썬 베이컨 1티스푼, 우스터소스 1½티스푼, 레몬 ½개(장식용), 시금치 잎 데친 것 30g

🍀 **이렇게 만들어요**

1. 12~2월 사이의 싱싱한 굴(냉동 석화를 사용해도 좋음)을 준비해 한쪽 껍질을 제거하고, 소금물에 씻어 물기를 뺀 다음, 레드캐비아, 블랙캐비아를 절반씩 올려 레몬주스를 살짝 뿌리고, 통후추 갈은 것을 뿌린다.

2. 시금치는 데쳐서 물기를 꼭 짠 다음 프라이팬에 살짝 볶아준다. 굴은 그릴에 구워 속살을 꺼내 껍질 밑에 시금치를 놓고, 그 위에 굴을 올린 다음 크림소스를 끼얹고 치즈를 뿌려 그릴에 굽는다.

3. 베이컨을 다져 살짝 볶아 **2**의 굴 위에 얹은 후 우스터소스를 1~2 방울 떨어뜨려 그릴에서 구운 다음 레몬 조각을 곁들여 낸다.

크림소스 만들기

재 료 | 버터 10g, 밀가루 10g, 우유 100mL

1. 소스 팬을 달궈 버터를 녹인 후 밀가루를 넣고 주걱으로 저어 보글보글 끓어오를 때까지 볶아준다. 이때 우유를 조금씩 넣고 바닥이 눋지 않게 계속 저어준다.
2. 여기에 양파 조각에 정향을 꽂아 넣고 같이 끓여 향을 우려낸다.
3. 소스가 한번 끓으면 고운체에 걸러 놓는다.

칵테일소스 만들기

재 료 | 우스터소스·타바스코 2방울씩, 레몬주스 4mL, 토마토주스 250mL, 소금·후추 약간씩

1. 준비한 재료를 잘 섞어준다.
2. 새우, 게, 굴 등을 무칠 때 또는 데친 해산물에 곁들여 나오는 소스로 신선한 석화에 칵테일소스만을 소량 얹어서 간단히 낼 수 있다.

칵테일 만들기

칵테일이란 말은 누구에게나 익숙하지만 그 의미를 아는 사람은 많지 않다. 칵테일(Cocktail)은 직역하면 '닭 꼬리'라는 의미이다. 어떤 이유로 '닭 꼬리'라는 이름이 붙었는지 정확히 알려진 바는 없다. 다만 드링크를 섞는데 수탉의 꼬리를 사용했다는 설이 있을 뿐이다.

일반적으로 칵테일은 여러 종류의 알코올 음료에 또 다른 술을 섞거나 과일주스, 탄산음료 또는 향료(Liquor) 등의 부재료를 혼합해서 만든다. 맛·향기·색채의 세 가지 조화가 이루어지면 된다. 주변에서 쉽게 구할 수 있는 술로 가정에서 멋진 칵테일파티를 즐겨보자.

오렌지 드리밍 ● 새콤달콤한 오렌지 맛을 강하게 느낄 수 있는 칵테일

재 료 | 럼 30mL, 갈리아노 15mL, 레몬주스 15mL, 오렌지주스 90mL, 얼음 약간
만들기 | 재료를 셰이커에 넣고, 힘차게 흔들어 준다.

복분자 칵테일 ● 복분자를 이용한 맛과 향이 특별한 퓨전 칵테일

재 료 | 복분자주 60mL, 트리플 섹 30mL, 그레나딘 시럽 1티스푼, 얼음 약간
만들기 | 셰이커에 얼음과 재료를 넣고, 잘 흔들어서 잔에 따른다.

키르로열 ● 달콤한 샴페인과 크렘 드 카시스의 새콤한 향이 어우러져 입맛을 살린다.

재 료 | 크렘 드 카시스 14mL, 샴페인
만들기 | 크렘 드 카시스를 글라스에 넣고 샴페인을 부어 가볍게 섞는다.

블루하와이 ● 깊이가 있는 블루 큐라소를 사용하여 시원한 바다를 재현한 듯한 칵테일

재 료 | 화이트 럼 30mL, 블루 큐라소 15mL, 파인애플주스 30mL, 레몬주스 15mL, 얼음 약간
만들기 | 셰이커에 재료를 넣고 흔들어서 으깬 얼음을 배합할 수 있다.

와인에 어울리는 안주

와인과 함께

와인은 인류의 역사와 함께 시작되었다고도 할 만큼 오랜 역사를 자랑한다. 프랑스를 대표하는 술인 와인은 프랑스어로 뱅(Vin)이라 불린다. 특히 보르도 지방의 와인은 세련된 향미와 격조 높은 색조로 세계적으로 정평이 나 있다. 흔히 오래 묵은 와인을 좋은 와인으로 생각하기 쉽지만 그 해의 기상조건에 따라 와인의 주재료인 포도의 품질이 결정된다. 와인의 생산 년도를 중요시 여기는 이유가 여기에 있다.

이탈리안 파르마 햄과 머스크 멜론

파르메산 치즈 가루를 입혀 튀긴 가지

속을 채운 여러 가지 버섯류

닭다리 구이

허브로 맛을 낸 싱싱한 낙지와 오징어 샐러드

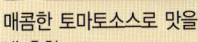
매콤한 토마토소스로 맛을 낸 홍합

와인소스를 곁들인 백합찜

흰살생선 튀김

이탈리안 파르마 햄과 머스크멜론 Parma Ham and Melon Fingers Musk Melon

와인과 함께

달콤하고도 부드러운 멜론과 짭짤하면서도 고소한 파르마 햄의 맛과 색, 질감이 매우 조화로운 요리다.

재 료(4인분)

머스크 멜론 1개, 파르마 햄 슬라이스 12쪽 또는 프로슈토 햄(큰 마켓에 있음)

이렇게 만들어요

1 멜론은 반으로 잘라 숟가락으로 속을 파고 씨를 말끔히 제거한다.
2 멜론을 길이대로 10~12조각으로 자른다.
3 멜론의 겉껍질에서 1cm 정도 윗부분에 멜론 형태를 따라 칼집을 넣어 껍질에서 살을 분리한 다음 크기가 큰 것은 대각선으로 한 번 더 자른다.
4 얇게 썬 파르마 햄이나 이탈리아 햄 조각으로 각각 멜론의 끝을 감싸듯 덮어주고 칵테일 스틱으로 고정시킨다.

Tip

파르마 햄

파르마에서 생산되며 소·돼지의 넙적다리를 닭다리 형태로 잡아 숙성시킨다. 다른 양념 없이 소금에 절인 것으로 많이 짜지 않기 때문에 그냥 먹거나 다른 음식의 속재료로 사용한다.

파르메산 치즈 가루를 입혀 튀긴 가지
Fried Eggplant with Parmesan Cheese

와인과 함께

재료(4인분)

중간 크기의 가지 2개, 다진 마늘 2쪽, 물 30mL, 올리브유 또는 샐러드유 130mL, 밀가루 조금, 파르메산 치즈(갈은 것) 110g, 계란 1개, 소금, 후추

이렇게 만들어요

1 가지를 길이 5~6cm, 두께 1.2cm 크기로 자른다.
2 볼에 분량의 물과 다진 마늘을 넣고, 가지를 담가 마늘의 향이 배도록 잰다.
3 2의 가지를 건져 물기를 닦아 겉면에 밀가루를 살짝 묻힌다.
4 계란을 풀고 여기에 치즈가루를 잘 섞는다.
5 밀가루를 묻힌 3의 가지에 4의 계란 옷을 입힌다.
6 160~180℃로 달구어진 기름에서 5의 가지를 노릇노릇하게 튀긴 다음 건져 기름종이 타월 위에 놓고 기름기를 뺀다.
7 접시에 튀긴 가지를 보기 좋게 담아 허브 잎으로 장식한다.

● **Tip**

파르메산 치즈

이탈리아 북부 파르마가 원산지로 수분의 양이 매우 적은 경질의 천연 치즈로 단단하기 때문에 주로 가루를 내서 사용한다. 향기가 매우 짙고 보존성이 높으며, 파스타 요리에 주로 사용된다.

● **Tip**

가지 고르기

가지는 93% 이상이 수분으로 구성되어 있어 다이어트 식품으로 좋을 뿐만 아니라 단백질, 탄수화물, 칼슘, 인, 비타민A, C 등이 다수 함유되어 있다. 가지를 고를 때는 통통하고 길이가 짧으면서 윤기가 도는 것이 좋다.

속을 채운 여러 가지 버섯류 Stuffed Assorted Mushrooms

> 와인과 함께

치즈는 단백질, 칼슘, 비타민 등이 함유된 고열량 식품일 뿐 아니라 알코올의 흡수를 둔화시켜주는 성분이 있어 술과 궁합이 잘 맞는다. 치즈는 대부분 어떤 와인과도 잘 어울리는데 떫은 맛이 강한 와인은 단단한 치즈가 더 잘 어울리고, 신맛이 강한 와인은 크림이 풍부한 부드러운 치즈가 잘 어울린다.

재 료 (4인분)

올리브유 30mL, 다진 마늘 1티스푼, 양송이(중 크기) 4개, 표고버섯(중 크기) 4개, 다진 양파 1티스푼, 잘게 썬 베이컨 30g, 다진 파슬리 ½티스푼, 계란 1개, 촉촉한 빵가루 2티스푼, 파르메산 치즈 또는 모차렐라 치즈 2티스푼

이렇게 만들어요

1 프라이팬에 올리브유를 두르고 다진 마늘, 다진 양파, 베이컨 다진 것을 넣어 수분이 없도록 볶는다.
2 1에 다진 파슬리를 첨가하고 식혀둔다.
3 계란을 잘 풀어 2의 재료와 빵가루를 고루 섞는다.
4 양송이버섯과 표고버섯은 기둥을 잘라내고, 안쪽에 3의 재료를 넣어 속을 채운다.
5 속을 채운 버섯 위에 파르메산 치즈 또는 모차렐라 치즈를 올린 후 그릴 또는 오븐에서 갈색 빛이 나도록 굽는다.(온도 230℃)
6 구워진 버섯을 접시에 보기 좋게 담아낸다.

Tip
모차렐라 치즈

흔히 피자 치즈로 불리는 치즈로 물소의 젖 또는 신선한 우유의 커드로 만든 이탈리아의 대표적인 연질 치즈이며, 향이 강하지 않아 치즈를 좋아하지 않는 사람도 부담없이 먹을 수 있다. 점성이 있어 뜨거울 때 실처럼 늘어나며 신선한 것은 토마토, 바질 잎 등과 곁들여도 좋다. 레드와인, 화이트와인 모두와 잘 어울리는 치즈이다.

와인과 함께

닭다리 구이 Chicken Legs

맛도 좋고 영양도 높은 일품 요리. 조리하기가 간단해 집에서 쉽게 만들 수 있는 술안주이다.

재 료(4인분)

닭다리 8개, 밀가루, 샐러드유, 다진 양파 ½개, 다진 마늘 ½티스푼, 다진 토마토 250g, 닭 육수 130mL, 소금·후추 약간씩

이렇게 만들어요

1 닭다리를 깨끗이 손질해 반만 익도록 삶아 건져서 식힌다.
2 1에 소금과 후추로 간을 하고, 밀가루를 살짝 묻혀 기름(온도 170~180℃)에 튀겨 낸다.
3 팬에 올리브유를 두르고 다진 마늘, 다진 양파를 2분간 볶다가 토마토 다진 것과 닭 육수를 넣고 소금과 후추로 간을 한 후, 걸쭉한 상태가 되도록 끓인다.
4 닭다리 끝 부분은 쿠킹호일에 싸서 팬에 담아 3의 소스를 끼얹어 오븐이나 살라만더(또는 전자렌지)에 굽는다.
5 보기 좋게 접시에 담아낸다.

소스에 칠리소스를 첨가해 매콤하게 해도 별미가 된다. 칠리소스가 없으면 홍고추를 다져 넣어도 된다.

허브로 맛을 낸 싱싱한 낙지와 오징어 샐러드 Squid and Octopus Salad

재 료(4인분)

낙지 500g, 오징어 500g, 와인 식초 130g, 월계수 잎 3장, 흰 통후추 12개, 소금 1티스푼, 딜 다진 것 1티스푼, 올리브유·레몬주스 130mL, 레몬 약간(장식용), 그라운드 후추

이렇게 만들어요

1. 낙지와 오징어는 깨끗이 씻어 준비한다.
2. 냄비에 물을 넣고 와인식초, 통후추, 양파 피케, 월계수 잎을 넣어 10분간 끓인다.
3. 2에 낙지와 오징어를 넣고 1~2분 정도 부드럽게 삶아 링 모양으로 자른다.
4. 볼에 다진 딜(생선 종류에 주로 사용하는 허브)과 올리브유, 레몬주스를 넣고 섞어서 냉장고에 보관한다.
5. 먹기 전에 4를 꺼내 삶아 놓은 낙지와 오징어를 넣고 고루 섞어 버무려 접시에 담은 후 레몬조각을 곁들이고 흰 통후추를 갈아 뿌려 낸다.

신선한 레몬주스, 다진 고수, 다진 딜, 칠리소스를 첨가해 재워두었다가 사용하면 매콤하고 좋다.

낙지나 오징어와 같은 해산물을 오래 삶으면 질겨지고 삶은 후 찬물에 헹궈내면 맛이 없어지므로 가능한 짧은 시간에 살짝 삶아 그대로 건져 식히는 것이 좋다.

매콤한 토마토소스로 맛을 낸 홍합
Mussels Steamed in Spicy Tomato Sauce

와인과 함께

재 료(4인분)

올리브유 1티스푼, 다진 양파 1개, 다진 마늘 3(쪽)개, 다진 생강 ½티스푼, 다진 코리안더(고수) ½티스푼, 다진 토마토 250g, 다진 홍고추 ½티스푼, 백포도주 150mL, 홍합 500g, 장식용 고수, 칠리소스

이렇게 만들어요

1. 홍합은 껍데기 밖으로 나와 있는 수염을 제거하고, 깨끗이 씻어둔다.
2. 달군 팬에 올리브유를 두르고 다진 마늘, 다진 양파, 다진 생강, 다진 토마토, 칠리소스, 다진 고수를 넣고 10분간 끓인다.
3. 2에 1의 홍합을 넣고, 다진 고수와 백포도주를 부어 뚜껑을 덮고 2분간, 뚜껑을 열고 6~10분간 끓인다.
4. 3의 홍합을 건져 작은 볼에 담고, 소스는 조금 더 끓여 맛을 낸 후 농도를 맞춰 홍합 위에 흥건히 끼얹고 고수로 장식해 낸다.

Cooking point
바삭바삭한 빵 종류를 곁들여도 좋다.

Tip
홍합에 관한 상식

섭조개라고도 불리는 홍합은 5~6월에 채취한 것에 삭시토닌(Saxitoxin)이라고 하는 마비성 중독을 일으키는 독소가 들어 있으며, 이것은 홍합이 유독성 플랑크톤을 먹어 축적되어 발생한다. 끓여도 분해되지 않으므로 이 시기는 가능한 피해서 먹는 것이 안전하다.

와인소스를 곁들인 백합찜
Cloms in White Wine Sauce

와인과 함께

백합이나 홍합 등의 조개 요리는 달콤한 와인이나 과일향이 있는 와인과 잘 어울리는 안주이다.

재 료 (4인분)

올리브유, 다진 양파 ½개, 다진 마늘 3(쪽)개, 밀가루 1티스푼, 백포도주 185mL, 다진 홍고추 1개, 다진 파슬리 15g, 백합(중간) 18개, 소금·후추 약간씩

이렇게 만들어요

1. 조개는 3% 정도의 소금물에 담가 해감을 뺀 후 깨끗이 문질러 씻어 놓는다.
2. 냄비에 올리브유를 두르고 다진 마늘, 다진 양파와 밀가루 1티스푼을 넣고 1분 정도 볶는다.
3. 2에 조개를 넣고 백포도주를 부은 다음, 다진 홍고추를 같이 넣은 후 뚜껑을 닫고 10분 정도 익힌다.
4. 3의 뚜껑을 열고 조개를 건져 접시에 담아 놓는다.
5. 3의 남은 국물에 다진 파슬리를 넣어 섞은 후 4의 조개 위에 끼얹어 낸다.

> **Tip**
> **백합**
> 상합, 대합 등의 이름으로 불리며 껍질이 매우 견고한 고급 패류로 크기가 다양하다. 서해안에서 많이 양식된다. 다른 조개와는 달리 거의 입을 닫고 지낸다. 익었을 때 입을 열지 않으면 상한 것이므로 먹지 않는 것이 좋다.

> **Tip**
> **올리브유**
> 올리브오일은 크게 엑스트라 버진 얼리브오일과 정제 올리브오일, 퓨어 올리브오일의 세 가지로 나뉘지만 보통 엑스트라 버진 올리브오일과 퓨어 올리브오일을 사용한다. 엑스트라 버진은 화학 처리를 전혀 하지 않은 산가 1% 이하의 최상급 오일로 향이 좋고 어떤 요리에도 잘 어울린다.

흰살생선 튀김 Batter-Fried Fish

와인과 함께

생선이 주재료인 음식은 일반적으로 타닌(떫은맛) 성분이 적고, 상쾌한 맛의 화이트 와인과 더 잘 어울린다.

재 료 (4인분)

차가운 물 130mL, 밀가루 130,g 옥수수 전분 30g, 레몬주스 $\frac{1}{2}$, 계란 노른자 1개, 흰살 생선 250g, 튀김 기름(샐러드유), 레몬(장식용)

이렇게 만들어요

1. 믹싱 볼에 차가운 물을 담고 밀가루와 옥수수 전분을 조금씩 체에 쳐 넣으면서 거품기로 서서히 젓는다. 여기에 계란 노른자, 레몬주스를 넣어 섞은 후 냉장고에 15~30분간 넣어둔다.

2. 생선은 0.5cm 두께로 포를 떠서 소금, 후추, 밀가루를 묻힌 후 1의 반죽에 적신다.

3. 170℃로 가열한 기름에 2의 생선을 튀겨낸다. 황금빛으로 튀겨지면 기름종이 타월에 건져 기름기를 뺀다.

4. 접시에 보기 좋게 담아 레몬조각과 다진 마늘 마요네즈소스를 곁들여 낸다. 허브나 파슬리 잎을 튀겨서 곁들여도 좋다.

Tip

흰살생선

흰살생선은 노화방지, 시력강화, 각종 염증에 효과적인 식품이다. 지방 함량이 5% 이하로 맛이 담백할 뿐만 아니라 육질이 연하다. 대표적인 흰살생선으로는 대구, 명태, 조기, 광어, 도미, 가자미, 민어 등이 있다. 비린내가 적으므로 짧은 시간에 가열해 생선의 맛을 음미하는 것이 좋다.

브랜디에 어울리는 안주

브랜디와 함께

브랜디는 포도를 발효해 증류한 술을 말하는데 현재는 과실주를 증류한 술을 총칭한다. 브랜디라는 명칭은 코냑 지방에서 포도를 와인으로, 이것을 다시 증류한 것을 뱅 브륄레(Vin Brule) '와인 끓인 것'이라고 속칭한데서 유래한다. 17세기 위그노 전쟁으로 코냑 지방의 포도밭이 완전히 황폐화되어 전쟁이 끝난 뒤 와인의 주질이 좋지 않자 이를 거래하던 네덜란드인들이 증류할 것을 권해 브랜디가 탄생했다.

팬케이크에 말은 훈제연어

생선 패스트리

홍합 그라탕

소고기 완자

앤디이브 치킨 샐러드

팬케이크에 말은 훈제연어
Smoked Salmon Pancake Rolls

브랜디와 함께

훈제 연어와 홀스레디쉬 향의 성공적인 조화가 이 음식의 매력이다.

재 료(4인분)

팬케이크 반죽 | 밀가루 125g, 참기름 2티스푼

크림치즈 150g, 홀스레디쉬 크림 1티스푼, 레몬주스 ½티스푼, 얇은 조각 훈제연어 200g, 다진 차이브나 허브(장식용)

이렇게 만들어요

1. 부드러운 반죽 형태가 될 때까지 밀가루에 천천히 물을 넣어 고루 섞이면 젖은 천으로 덮어 15분간 그대로 두거나 바닥에 밀가루를 뿌린 후 그 위에서 5분간 반죽한다.
2. 반죽을 6개로 나누고 공 모양으로 만들어 반죽의 표면에 참기름을 발라 매끄럽게 만든 후 밀대로 두께 1mm, 직경 21cm의 원형으로 얇게 민다.
3. 중불에 프라이팬을 달궈 기름을 두르지 않고, 2의 반죽을 옅은 갈색이 나도록 구워 팬케이크를 만든다.
4. 믹싱 볼에 크림치즈를 넣고 부드럽게 저은 후 홀스레디쉬와 레몬주스를 섞는다.
5. 팬케이크 위에 4의 크림치즈를 얇게 펴 바르고 연어를 그 위에 얹은 후 돌돌 만다. 이때 가능한 타이트하게 말아 냉장고에서 1시간 이상 냉장시킨다.
6. 내기 전에 5의 롤을 1.5cm로 잘라 이쑤시개로 고정한다.
7. 6의 롤 위에 다진 차이브를 뿌리고, 접시에 보기 좋게 담아 낸다.

Tip
훈제연어

시원하고 담백한 맛은 훈제연어만의 매력이다. 훈제연어의 육질을 맛보기 위해서는 요리 즉시 먹어야 한다.

생선 패스트리 Fish Pastries

브랜디와 함께

밀가루 반죽 속에 유지를 넣고 접어 밀기를 반복한 것으로 오븐에 구우면 반죽 사이의 유지가 녹으며 켜가 형성되고, 고소하고 바삭하며 담백한 맛이 난다.

재 료(4인분)

올리브유 2티스푼, 다진 양파 60g, 다진 마늘 15g, 다진 토마토 50g, 다진 홍고추 15g, 다진 파슬리 1티스푼, 토마토 페스트 1티스푼, 생선살(대구 또는 참치) 250g, 삶은 계란 1개, 붉은 피망 구운 것 1개, 패스트리 500g, 물 2티스푼, 소금·후추 약간씩

이렇게 만들어요

1. 프라이팬을 달군 후 올리브유를 두르고 다진 마늘, 다진 양파를 살짝 볶는다.
2. 1에 다진 토마토, 다진 홍고추, 토마토 페이스트를 넣어 3~4분 볶은 다음 식힌다.
3. 2에 삶은 계란, 붉은 피망, 생선살을 섞어 240℃의 오븐 또는 전자레인지에 굽는다.
4. 패스트리 반죽은 밀대로 0.3cm 두께의 둥근 모양으로 민 다음 냉장고에 잠시 넣었다가 꺼낸다.
5. 반죽 위에 3을 1스푼씩 떠 놓고, 가장자리에 계란물을 칠해 반으로 접어 가장자리를 포크로 눌러 모양을 잡은 후 냉장고에 15분간 넣는다.
6. 5를 240℃에 10분간 예열한 오븐에 넣고 6~7분간 굽는다. 중간에 한번 꺼내 계란 물을 붓으로 칠해주면 구웠을 때 예쁜 갈색 빛이 돈다.
7. 패스트리가 바삭바삭하게 노란 빛을 띠면 꺼내 접시에 담아낸다.

홍합 그라탕 Mussels in Tomato Gratin

브랜디와 함께

그라탕은 직접 열을 이용해 음식의 표면에 버터, 치즈, 소스, 달걀노른자 등을 얹어 오븐 또는 그릴에 넣은 후 표면이 갈색이 나도록 굽는 조리 방법을 뜻한다. 홍합에는 상큼한 화이트와인이 잘 어울린다.

재 료(4인분)

홍합(大) 20개, 올리브유 2티스푼, 다진 양파 70g, 다진 마늘 4쪽, 다진 토마토 250g, 다진 파슬리 20g, 월계수 3잎, 파르메산 치즈 또는 모차렐라 치즈 200g, 소금·후추 약간씩

이렇게 만들어요

1. 홍합을 깨끗이 씻어 수염을 제거하고, 끓는 물에 삶아 한쪽 껍질을 제거한 후 팬에 가지런히 놓는다.
2. 프라이팬에 올리브유를 두르고 다진 마늘, 다진 양파, 다진 토마토를 넣고 볶은 후 소금과 후추로 간을 한다.
3. 2의 양념을 1의 홍합에 한 스푼씩 떠서 올려주고, 그 위에 치즈가루를 뿌린다.
4. 3을 200℃로 10분간 예열한 오븐이나 그릴에 구워 표면이 노릇하게 구워지면 꺼내 접시에 담아낸다.

Cooking point
홍합을 오븐이나 살라만다에 구울 때 치즈가 녹아 노릇노릇하면 완성된 것이다.

Tip 월계수 잎
보통 말린 잎을 쓰거나 생잎을 사용하는데, 줄기는 쓴맛이 강해 사용하지 않는다. 향이 강하기 때문에 다른 음식의 향을 감소시킬 수 있으므로 너무 많이 사용하지 않는다.

> 브랜디와 함께

소고기 완자 Meatballs

부드러운 고기의 육질을 느낄 수 있는 술안주이다. 강한 술맛을 중화시켜 줄 뿐만 아니라 식사대용으로도 좋다.

재 료(4인분)

다진 소고기 150g, 다진 돼지고기 100g, 다진 양파 30g, 다진 마늘(깐 마늘) 2개, 다진 파슬리 ½티스푼, 빵가루 30g, 계란 1개, 작은 홍고추 1개, 밀가루, 튀김 기름, 소금·후추 약간씩

이렇게 만들어요

1 믹싱볼에 다진 소고기와 다진 돼지고기를 넣고 다진 양파, 다진 마늘, 다진 파슬리와 다진 홍고추, 빵가루를 넣은 후 소금, 후추로 간을 하고, 계란을 풀어 넣어 손으로 치대거나 믹싱기로 반죽한다.

2 1의 반죽을 먹기 좋은 크기로 둥글게 완자를 만들어 밀가루를 살짝 묻힌다.

3 만들어 놓은 완자는 180℃의 기름에 연한 갈색 빛이 나도록 튀겨 기름종이 타월에 건져 기름기를 뺀다.

4 완성된 소고기 완자를 접시에 담아 토마토소스나 마늘 마요네즈소스를 곁들여 낸다.

Cooking point

보통 소스는 브라운소스나 미트볼소스를 사용하지만, 쉽게 구할 수 있는 토마토소스나 마요네즈소스를 사용해도 맛이 있다.

● **Tip**

소고기 완자와 더불어 삶은 메추리알, 오이피클, 파인애플 등을 곁들여 꼬치에 꽂아 내면 풍성한 차림을 연출할 수 있다.

엔다이브 치킨 샐러드 Chicken Salad with Endive

브랜디와 함께

눈으로 먼저 즐긴 후에 입으로 즐기는 술안주의 하나이다. 쌈보다 쓴맛이 강한 엔다이브와 치킨 샐러드의 부드러우면서도 고소한 맛이 브랜디의 강한 술맛을 중화시켜 준다.

재 료(4인분)

로스트한 치킨 1½마리, 셀러리 2줄기, 후지 사과 ½개, 홍피망 1개, 가시 오이 ½개, 배 ½개, 실파(곱게 썬 것) 5뿌리, 마늘 마요네즈 130mL, 소금, 후추, 엔다이브 잎 1통

이렇게 만들어요

1 로스트(오븐이나 그릴에 구운)한 닭은 살코기만 발라 사방 1.5cm의 정육면체로 자른다.
2 셀러리는 줄기의 껍질을 제거한 후 1의 닭고기와 같은 모양으로 썰어 놓는다.
3 붉은 피망은 속의 씨를 제거하고, 사과, 배, 오이는 각각 껍질을 벗겨 씨를 제거한 후 4등분해 닭과 셀러리와 같은 모양으로 썬다.
4 실파는 파란 부분만 송송 썰어 준비한다.
5 1~4의 재료를 볼에 담아 다진 마늘과 마요네즈를 넣고 소금, 후추로 간을 하여 버무린다.
6 5의 치킨 샐러드를 냉장고에 넣어 차게 준비한 후 엔다이브 잎에 보기 좋게 담아 접시에 담아낸다.

> **Tip**
> 엔다이브는 지중해 동부가 원산지인 채소로 상추처럼 샐러드로 이용되지만 약간 익혀 먹어도 맛이 있다. 백화점의 식품점이나 가락시장의 특수 야채 재료상에서 구입할 수 있으며, 특유의 모양 때문에 주로 샐러드나 애피타이저용 작은 요리 등을 담는데 많이 사용된다.

맥주에 어울리는 안주

> 맥주와 함께

풍부한 거품과 톡 쏘는 맛의 맥주는 독일에서 세계 맥주의 주류를 형성하고 있다. 18세기 전까지만 해도 영국에서 맥주 기술을 배워왔으나 현재는 호프를 사용한 최초의 발효맥주 제조로 맥주 제조의 새로운 장을 열어 맥주의 종주국으로서 전 세계에 인정받게 되었다. 독일은 1인당 1년에 약 300병(500mL)의 맥주를 마시는 맥주왕국이다(한국 약 70병). 독일의 흥겨운 축제 문화와 더불어 소개되는 맥주와 소시지는 독일을 상징하는 하나의 아이콘으로 자리 잡았다.

고급감자 샐러드 · 속을 채운 피망 · 얼큰한 토마토소스로 맛을 낸 모시조개

마늘향 소스를 곁들인 그릴새우 · 소시지 구이 · 안달루시안 스타일의 계란구이

감자 샐러드 Potato Salad

진하고 쌉쌀한 맛이 특징인 흑맥주는 샐러드나 야채튀김, 나초 등과 잘 어울린다.

재 료 (4인분)

감자 3개, 주사위 모양으로 자른 당근 40g, 완두콩(그린피스) 30g, 마늘 마요네즈 130mL, 소금, 후추, 홍피망 ½개(로스트 또는 석쇠로 구운 것), 청피망 ½개(로스트 또는 구운 것), 파슬리(장식용)

이렇게 만들어요

1 생감자는 껍질을 벗겨 사방 1.5cm 크기의 주사위 모양으로 썬다.

2 냄비에 물을 붓고 소금을 조금 넣어 감자를 삶아 물에 씻지 않고 체에 밭쳐 물기를 제거한다.

3 당근은 감자와 같은 크기로 썰어 삶는다.

4 완두콩은 삶아서 사용하고 통조림일 경우 그대로 사용한다.

5 볼에 준비된 위의 재료를 모두 담고 마늘 마요네즈로 버무려 소금과 후추로 간을 한다.

6 접시에 보기 좋게 담아 구운 피망과 파슬리 또는 삶은 아스파라거스를 장식하여 낸다.

Tip

유럽의 술집(Bar)에서는 마늘 마요네즈를 매일 만들어 준비해두었다가 칩, 샐러드 등을 제공할 때 곁들여 제공한다.

속을 채운 피망 Stuffed Red Peppers

맥주와 함께

독특한 풍미를 가지고 있는 피망과 해산물이 조화를 이루는 스페인식 피망 요리이다.

재 료(4인분)

중간 크기의 홍피망 4개, 올리브유 1티스푼, 다진 마늘 2(쪽)개, 다진 양파 30g, 다진 토마토 70g, 다진 홍고추 1개, 홍합살 6개, 조갯살 130g, 다진 파슬리 ½티스푼, 소금, 후추, 고슬고슬한 밥 30g, 바질

이렇게 만들어요

1 피망에 올리브유를 약간 넣어 약 15분 정도 오븐에서 굽는다.
2 피망의 윗부분을 잘라 뚜껑 형태로 따고 속의 씨는 파낸다.
3 홍합살과 조갯살은 삶아 주사위 모양으로 자른다.
4 프라이팬에 올리브유를 두르고 다진 마늘, 다진 양파, 토마토를 첨가하고 칠리소스를 넣는다.
5 4에 홍합, 조갯살, 다진 파슬리, 다진 바질, 소금과 후추로 맛을 낸 다음 고슬고슬한 밥을 섞어 비빈다.
6 5의 재료로 피망 속을 채운 후 190℃의 오븐에 10분간 예열한 후 10~15분간 굽는다.
7 구워진 6의 피망을 보기 좋게 접시에 담아낸다.

Tip
피망

피망은 고추의 일종으로 이탈리아어로 '페페로네(Peperone)'라 불린다. 피망의 비타민C는 잘 파괴되지 않기 때문에 볶거나 구웠을 때 더 많은 영양을 얻을 수 있다. 그러나 장시간 가열하면 오히려 영양소를 파괴할 수 있다.

맥주와 함께

얼큰한 토마토소스로 맛을 낸 모시조개 Clams in Piquant Tomato Sauce

얼큰한 토마토소스가 조개와 어우러져 색다른 맛을 준다. 토마토와 조개를 함께 섭취하면 조개의 철분이 체내에 쉽게 흡수된다.

재 료(4인분)

올리브유, 다진 마늘 2쪽, 다진 양파 1개, 거칠게 다진 토마토 130g, 다진 홍고추 2개, 월계수 잎 2장, 곱게 다진 파슬리 15g, 드라이 백포도주 130mL, 모시조개 18개, 소금, 후추

이렇게 만들어요

1. 조개는 해감을 뺀 후 깨끗이 씻어 준비한다.
2. 프라이팬에 올리브유를 두르고 다진 마늘, 다진 양파, 다진 홍고추, 다진 토마토, 다진 파슬리를 넣고 볶은 후 백포도주를 넣어 끓인다.
3. 2에 조개를 넣고, 뚜껑을 닫아 삶는다.
4. 조개는 꺼내 접시에 담고, 남아 있는 소스는 소금과 후추로 간을 하여 조개 위에 끼얹어 낸다.

Tip
조개는 소금물에 담가 냉장고에 넣어 두면 어느 정도 이물질을 토해 낸다. 싱싱한 조개는 서로 가볍게 부딪쳐 두드렸을 때 차돌맹이 부딪치는 소리가 나며, 상한 조개는 둔탁한 소리가 난다.

Cooking point

인스턴트 토마토소스를 맛있게 먹는 방법
소스에 올리브오일을 약간 두르고 3~4분 데운다. 또는 마늘, 양파, 당근 등 좋아하는 야채나 재료를 잘게 썰어 볶은 후 인스턴트 소스를 넣고 3분 정도 더 조리하면 더욱 맛있는 소스가 된다.

마늘향 소스를 곁들인 그릴새우
Grilled Shrimp with Garlic Mayonnaise

통통하고 바삭한 새우살이 입안 가득 마늘 향을 전해주는 일품 안주다.

재 료(4인분)

거칠게 다진 마늘 4(쪽)개, 올리브유 70mL, 보리새우 500g, 다진 파슬리 1티스푼, 레몬 ½개, 마늘 마요네즈 100g, 바질

이렇게 만들어요

1 새우는 등 쪽 껍질의 마디 사이에 대나무 꼬치를 넣어 내장을 빼고 껍질은 남겨둔 채 깨끗이 손질한다.
2 1의 새우에 다진 마늘과 올리브유를 뿌리고 30분 정도 재운다.
3 양념에 잰 새우를 그릴 팬에 올리브유를 발라가면서 굽는다 (프라이팬에서 구워도 됨).
4 프라이팬에 올리브유를 두르고 레몬주스와 파슬리 다진 것을 넣어 뜨겁게 하여 3의 새우에 끼얹는다.
5 새우를 접시에 보기 좋게 담고, 바질을 뿌린 후 마늘 마요네즈를 곁들여 낸다.

Tip

지중해 지역(Mediterranean)에서는 두꺼운 프라이팬에 새우와 올리브유, 마늘 등을 넣고 거기에 새우를 익혀 보통 껍질 째 먹는다.

새우를 선택할 때는 살이 통통하게 오르고 분홍빛을 띠는 것이 좋다. 새우는 어떻게 요리해도 맛있지만 새우의 내장을 정리하지 않으면 익힌 후 맛이 떨어지고 보기에도 좋지 않다. 살만 발라서 조리할 경우 껍질을 벗기고 데치면 맛이 다 빠져나가므로 껍질 째 데친 후에 살을 발라내는 게 맛과 영양을 지키는 비결이다.

소시지 구이 Grilled Sausage

맥주와 함께

소시지는 여성들이 즐겨 찾는 과일맥주와 잘 어울리는 안주로, 과일맥주 특유의 상큼한 맛을 살려주는 장점이 있다.

재료(1인분)

여러 가지 소시지 5~6개(200~300g), 슈크루트(Choucroute ; 독일식 양배추 김치) 100g, 크림 머스터드 50g

이렇게 만들어요

1. 맛과 모양이 다양한 소시지를 구입해 따뜻한 물이나 우유에 30분~1시간 정도 담가둔다.
2. 소시지의 물기를 제거한 뒤 달구어진 그릴이나 석쇠에 갈색 빛이 나도록 굽는다.
3. 프라이팬에 슈크루트와 베이컨 한쪽을 넣어 살짝 볶거나 뜨겁게 데운다.
4. 접시에 2의 소시지를 보기 좋게 담고, 3을 곁들여 낸다.

Cooking point

슈크루트 통조림을 구하기 어려우면, 양배추를 얇게 채 썰고, 베이컨, 식초, 월계수 잎, 통후추를 냄비에 담아 은근하게 볶는다. 사각사각하게 익혀 간을 하고 맛을 낸다.

Tip

맥주를 맛있게 마시기 위한 적정 온도는 여름에는 4~8℃, 겨울에는 10~14℃, 봄·가을에는 6~10℃이다. 맥주가 미지근하면 거품이 많이 생기고 쓴맛이 강해지며, 너무 차면 거품이 생기지 않아 싱겁다.

안달루시안스타일의 계란구이 Andalusian Baked Eggs

맥주와 함께

스페인 안달루시안 지방의 요리로 이 지방에서는 칠리 소스를 첨가해 매콤하게 먹는다. 파르메산 치즈를 뿌려 먹기도 한다.

재 료(3인분)

올리브유 1티스푼, 다진 양파 1/2개, 다진 마늘 1쪽, 다진 토마토 250g, 이탈리안 햄 90g, 살라미소시지 60g, 계란 6개, 아스파라거스 12개, 구운 홍피망 1개, 다진 파슬리 1티스푼, 생 바질 2~3잎, 소금, 후추

이렇게 만들어요

1 프라이팬에 올리브유를 두르고 다진 마늘, 다진 양파를 2분 정도 볶다가 다진 토마토를 넣고 끓인다.
2 얇게 썬 이탈리안 햄과 살라미소시지를 프라이팬에 3분 정도 볶아 놓는다.
3 아스파라거스는 다듬어 놓고 피망은 구워 적당한 크기로 썰어 놓는다.
4 두 개의 작고 둥근 팬에 1의 소스를 나누어 담고 하나의 팬에 계란을 3개씩 깨서 각각 담아 놓는다.
5 4의 계란 위에 볶아 놓은 햄과 소시지, 아스파라거스, 구운 피망을 돌려 담은 후 은근한 불에서 계란 흰자가 잘 익도록 약 10분 정도 가열한다.
6 파슬리를 뿌리고 생 바질 잎을 얹어서 프라이팬 그대로 낸다.

Tip

살라미소시지

돼지고기나 소고기 같은 것을 소금·후추·향신료 등으로 양념해 돼지창자(또는 인조창자)에 넣고 자연 건조하여 숙성시킨 이탈리아 소시지이다.

Cooking point

이 요리는 계란 위에 얹은 재료들의 모양이 그대로 드러나도록 익힐 때 뒤집지 않는다.

Theme story

소스 만들기

크림 머스터드

토마토 소스

달콤한 칠리소스

마늘향의 마요네즈

토마토소스 Simple Tomato Sauce

재 료 | 다진 마늘 2쪽, 다진 양파 1개, 올리브유, 토마토 퓨레 500mL, 월계수 잎 2~3장, 백리향(Fresh thyme), 소금·후추 약간씩

이렇게 만들어요

1 냄비에 올리브유를 두르고 다진 마늘, 다진 양파를 볶다가 토마토 퓨레와 월계수 잎을 넣는다.
2 여기에 소금과 후추로 간을 하고, 백리향을 첨가해 중불에서 30분간 끓여준다.
3 완성된 소스의 양이 750mL(3.5컵)이 되도록 조리한다.

* 이 소스는 다양한 요리에 광범위하게 사용한다.

마늘향의 마요네즈 Mayonnaise and Garlic Mayonnaise

재 료 | 계란 노른자 3개, 와인 식초 1티스푼, 올리브유 500mL, 레몬주스 1티스푼, 양 겨자 또는 마요네즈소스 750mL, 설탕·소금·후추 약간씩

이렇게 만들어요

1 바닥이 둥글고 우묵한 볼에 계란 노른자, 겨자, 설탕, 소금, 후추를 넣고 올리브유를 조금씩 떨어뜨려 거품기로 천천히 저어 마요네즈를 만든다. 여기에 레몬주스와 와인식초를 첨가한다.
2 완성된 마요네즈소스에 곱게 다진 마늘을 넣고, 잘 저어 냉장고에 보관한다.

크림 머스터드 Cream Mustard

재 료 | 생크림 1컵, 양겨자 2티스푼, 와인 2큰술

이렇게 만들어요

1 준비된 재료를 넣고 가볍게 섞어준다(오래 저으면 생크림에 거품이 생겨 뻑뻑해진다).

달콤한 칠리소스 Sweat Chili Sauce

재 료 | 칠리소스 1티스푼(칠리소스 만들기 참조), 황설탕 1티스푼, 백설탕 2티스푼, 와인식초 3컵

이렇게 만들어요

1 냄비에 준비한 재료를 넣고 10분간 끓인다.
2 차게 식혀 냉장고에 보관하여 사용하면 된다(3달간 보관 가능).
3 완성된 소스의 양이 3컵(600mL)이 나오게 요리한다.

칠리소스 Chili Sauce

재 료 | 홍고추 500g, 물 625mL, 식초 1티스푼, 설탕 1티스푼, 땅콩기름 2티스푼, 끓인 물 125mL

이렇게 만들어요

1 홍고추는 반으로 잘라 씨를 제거한 후 소스팬에 고추와 물을 넣고 끓여 체에 거르거나 믹서에 곱게 간다.
2 1에 식초, 설탕, 땅콩기름, 분량의 끓인 물을 더 넣고 끓인 후 식혀 냉장고에 두고 사용한다(1달간 보관 가능).
3 만들었을 때 375mL(1.5컵) 분량이 나오게 한다.

Theme story

카나페(CANAPE)란?

- 새우 카나페
- 햄 카나페
- 홍합 카나페
- 훈제 연어 카나페

카나페는 구운 식빵 조각이나 크래커 위에 버터를 바르고 어패류·육류·치즈·달걀 등의 재료를 얹어 멋지게 장식한 요리이다. 식전의 전채(오르되브르) 요리에 또는 칵테일파티의 술안주로 이용되는 음식으로 맛도 중요하지만 모양이 작고 아름다워야 하며, 집어 먹기 편하게 만들어야 한다.

새우 카나페

재 료 | 칵테일 새우 4마리, 삶은 달걀 1개, 식빵 1장, 양상추 1잎, 칵테일소스·마요네즈·소금 약간씩

이렇게 만들어요

1 끓는 소금을 넣고 손질한 칵테일 새우를 넣어 약 1분간 삶는다.
2 삶은 달걀은 껍데기를 벗겨 둥글게 자른다.
3 양상추는 달걀 크기 정도로 찢는다.
4 마요네즈를 바른 식빵 위에 달걀을 얹고, 마요네즈 바른 양상추 잎을 위에 얹은 다음 새우를 세로로 쪼개 올려놓고 가운데 칵테일 소스를 한 방울을 얹는다.

햄 카나페

재 료 | 슬라이스햄 2장, 삶은 달걀 1개, 식빵 1장, 양상추 1잎, 체리 4개, 마요네즈 약간

이렇게 만들어요

1 햄은 슬라이스 한 달걀보다 약간 작은 크기로 썰고, 체리는 반으로 자른다.
2 새우 카나페와 동일한 방법으로 재료를 준비하고, 새우 대신 마요네즈를 바른 햄과 체리를 얹는다.

홍합 카나페

재 료 | 깐 홍합살 4알, 오이 1/4개, 삶은 달걀 1개, 식빵 1장, 양상추 1잎, 마요네즈·소금 약간씩

이렇게 만들어요

1 깐 홍합살은 소금물에 가볍게 씻은 후 끓는 물에 살짝 데쳐낸다.
2 오이는 2cm 크기로 얇게 저민다.
3 새우 카나페와 동일한 방법으로 재료를 준비하고, 새우 대신 마요네즈를 바른 홍합과 오이를 얹는다.

훈제연어 카나페

재 료 | 훈제연어 150g, 날치알 4티스푼, 홀스레디쉬 1티스푼, 삶은 달걀 1개, 식빵 1장, 양상추 1잎, 마요네즈 약간

이렇게 만들어요

1 훈제연어를 2~3cm 정도 폭으로 얇게 저며 길게 썬다.
2 연어를 1~2장을 길게 연결하고, 홀스레디쉬를 살짝 바른 후 꼬치를 이용해서 돌돌만다.
3 새우 카나페와 동일한 방법으로 재료를 준비하고, 새우 대신 연어를 얹고, 그 위에 날치알을 얹어서 제공한다.

찾아보기 Index

갈치 조림	29
감자 샐러드	125
골뱅이 냉채 무침	25
골뱅이 무침	25
굴야채죽	14
꽃게 무침	45
낙지와 더덕 겨자소스 무침	41
단호박 해물찜	55
달콤한 칠리소스	137
닭다리 구이	101
대추인삼죽	14
땅콩호두장과	65
마늘향 소스를 곁들인 그릴새우	131
마늘향의 마요네즈	137
매콤한 토마토소스로 맛을 낸 홍합	105
멍게 전채	71
모둠 버섯두부 볶음	23
버섯 들깨탕	69
북어국	12
불고기 샐러드	67
삼마 빈대떡	59
삼합	19
새우 카나페	139
생선 패스트리	115
석화(굴) 구이	89
소고기 꼬치구이	83
소고기 완자	119
소시지 구이	133
속을 채운 여러 가지 버섯류	99
속을 채운 피망	127
순두부 찌개	27
쑥콩죽	15
아귀 지리	53
아귀찜	33
안달루시안스타일의 계란구이	135
얼큰한 토마토소스로 맛을 낸 모시조개	129
얼큰한 파국	12
엔다이브 치킨샐러드	121
여러 가지 올리브류	81
올갱이 부추국	13
와인소스를 곁들인 백합찜	107
이탈리안 파르마 햄과 머스크멜론	95
장어구이와 영양부추무침	37
제육 보쌈	43
크림 머스터드	137
키조개 구이	39
타라곤, 마늘, 올리브유에 잰 캄보졸라 치즈	85
탕평채	63
토마토소스	137
토마토와 허브 향으로 속을 채운 가지	87
파르메산 치즈 가루를 입혀 튀긴 가지	97
팬케이크에 말은 훈제연어	113
편육 수삼냉채	57
해물파전	21
해신탕(전복삼계탕)	35
햄 카나페	139
허브로 맛을 낸 싱싱한 낙지와 오징어 샐러드	103
홍어회 무침	50
홍합 그라탕	117
홍합 미역국	13
홍합 카나페	139
훈제연어 카나페	139
흑임자죽	15
흰살생선 튀김	109

술에 따른 베스트 안주 만들기

2007년 2월 10일 1판 1쇄
2011년 1월 15일 1판 2쇄

저자 : 정수식 · 박숙주
펴낸이 : 남상호

펴낸곳 : 도서출판 **예신**
www.yesin.co.kr

140-896 서울시 용산구 효창동 5-104
대표전화 : 704-4233, 팩스 : 715-3536
등록번호 : 제03-01365호(2002. 4. 18)

값 **12,000원**

ISBN : 978-89-5649-048-9

* 이 책에 실린 글이나 사진은 문서에 의한 출판사의
  동의 없이 무단 전재 · 복제를 금합니다.

그릇 협찬 **밈(MIM)** TEL. 031-637-7107